HAN BIYA

한비야

Daniel Choy | Yun Hyeji

 영진미디어

HAN BIYA

Daniel Choy | Yun Hyeji

CONTENTS

Preface

The series of Korean in the world to read in English is a series of stories about famous Koreans from various walks of life presenting their lives and achievements in English. This book is an easy and fun read for every people and a great way both to learn English and to find out more about today's heroes and what makes them so great.

The seventh story of this series is about Han Biya.

Known to us as the "Daughter of the Wind" from her chart-topping travelogues, Han Biya is an international relief worker and the bestselling author of 8 books. While backpacking around more than 60 countries for 6 years, she found her life's calling when, in refugee camps, she met children suffering as a result of wars and natural disasters. To help these children, in 2001 she started engaging in relief work as the emergency relief team leader for World Vision Korea. For the next 9 years, she toiled in the front line in post-war Iraq, the Tsunami sites in South East Asia, and other disaster areas.

In 2010, seeking a theoretical approach and systematic knowledge, she completed a master's degree in humanitarian assistance at the Fletcher School of Tufts University in the USA.

Currently an adviser to the Central Emergency Response Fund (CERF) of the United Nations (UN), Biya spends half of the year in Korea teaching humanitarian assistance at university and the other half in the front line as a humanitarian assistance specialist. Moreover, as the principal of World Vision's Global Citizenship School, she devotes herself to helping Korean teenagers become responsible global citizens who can empathize with the wounds and issues of the world and act on the lessons learned.

Practicing her life motto of 'Do and enjoy everything with a free spirit, and preferably help others at the same time', she continues her journeys to disaster areas around the world. From world-map-engaging child to international relief worker, here is the story of her beautiful and heart-warming life.

01

The Earth is Not That Big!

It was a sunny yet cold day. The young Han Biya looked out the window from her warm room and thought that it would be nice to be out soaking in the sun by herself. She took off her thick sweater and began digging for her clothes in the wardrobe. All her family knew what Biya was up to and they were all smiling. They knew that she could not sit around and do nothing when something drove her curiosity.

Biya reached deep and dug out a short-sleeved T-shirt, put it on and stepped out of the house immediately. A friend of Biya's mother who was visiting her house was shocked to see she dressed so skimpily, and yelled out to her:

"What are you doing dressed like that in this cold weather? Come back to the house! You'll catch a cold."

But Biya's mother responded calmly.

"Leave her alone. Nobody can force her to do anything. She has to find out for herself. If it's too cold, she'll come back. If not, she'll just roam freely outside like that."

Biya's mother seemed quite used to her daughter's unique character.

"But aren't you worried she might catch a cold?"

"She'll only learn by making mistakes. Until then, no one can stop her."

A few minutes later, Biya ran back into the house with

a runny nose. Her family burst out laughing, watching her *shivering with cold. The friend of her mother did not understand, but was kind enough to help wipe the curious little one's nose.

"Do you get it now? We must dress warmly during winter."

"Yes, now I know! The sunshine is warm, but it's still freezing outside."

Biya mumbled as she snuggled into the warmest corner of the room. Without even trying, the young Biya was able to make her family laugh.

Biya's original birth name is Insoon. After being baptized in the Catholic Church, she was given the baptismal name of Biya (or Pia) which she has used ever since and is now her official name. Each Chinese character of the name has a special meaning. Bi for flying and Ya for the wild. As

---

⋆ **shivering [ʃívəriŋ]** ⓝ a slight shaking movement of your body caused by cold or fear her name suggests, today she flies all around the world as a relief worker.

Biya's adventurous tendency did not show overnight. Born in Seoul in 1958, her innate curiosity about everything was not like anyone else's. Her father, who was a journalist, wanted her to grow up as someone who lives freely, making the world her stage. He would sit down with his children and tell them stories from other parts of the world.

More than anything Biya's family enjoyed playing games using the world map. They would compete to see who could pinpoint randomly announced parts of our world such as the names of countries, cities, mountains and oceans, etc.

"How about Tel Aviv, Israel? Let's see who finds it first. Begin now."

"I got it! I'm the first!"

"You read the map like *the back of your hand!"

---

* the back of your hand   know something very well

"The earth isn't that big. It fits onto just one sheet of paper."

"Right! Let's learn more about Israel. I have an interesting story about Palestine and Israel, which exist on the same land, and their never ending conflict."

When the family played the game with the world map, Biya's father always told stories related to the country in question such as its history and culture, international relations or internal conflicts. However, some of these stories were too complicated for young Biya to comprehend. She was very *intrigued by the fact that people living in a world which fits into one sheet of a paper map have so many interesting stories to tell.

Jules Verne's *Around the World in 80 Days* was young Biya's favorite book. She read it over and over again, and every time, she instantaneously began to dream of travelling

---

* intrigued [ɪntriːgd] ⓐ very interested in something

around the world.

"80 days, that's less than 3 months. How can you cover all parts of the world in 3 months? I must try that when I grow up."

And so, a trip around the world became something Biya was firmly determined to do in her lifetime.

It was thanks to the map games Biya played as a child that she went on to travel along the Trans-Siberian Railway. She was already fascinated by a huge chunk of continent that all belonged to one country.

"Dad, are all these lands one country?"

"That's right, it's the Soviet. In terms of size, it is the biggest country in the world. It's over 200 times larger than South Korea. Pretty impressive, isn't it?"

"Wow! That's amazing!"

"There's a train that runs from Moscow to Vladivostok

within a week."

"One week? So people sleep and eat on the train?"

"Yes. It's called the Trans-Siberian Express."

"I want to ride it when I grow up!"

"Sure! Promise me you will!"

Perhaps all these little promises Biya made to herself added up and laid the foundation that helped shape her into the relief worker she is today.

Biya is known to many by her nickname, 'The Daughter of the Wind.' She earned that nickname by backpacking alone to challenging and wild places around the world for about 6 years and travelling on foot across Korea for 49 days. She has certainly kept one, if not many, of the promises she made to herself as a child.

What can we do to make sure our dreams come true? Biya's successful journey began with developing good habits.

She treasured the time she spent writing her journal. Taking time to reflect on her day was a small but very important habit. Reflecting on oneself at the end of the day, recording those thoughts and revisiting one's dreams in a diary are very valuable routines.

While writing, you get to look back at how you spent the day and plan how you will spend tomorrow. It provides a chance to ponder what kind of a person you are, who you want to become, and what you want to do. On top of that, it improves your ability to express your thoughts in writing. It is safe to say that writing a journal every day made Biya become a best seller writer who has written 8 books so far. Only 30 minutes' recording of each day! It all adds up, just as the result of 30 minutes of daily workouts like jumping rope or push-ups will be reflected in a wonderful physique.

02

The World in the Palm of My Hand!

Having played the map game all the time, Han Biya's interest in world history and geography continued to grow through middle and high school. After listening to many stories about the world, she became deeply interested in international and global issues. Although she wanted to major in university in something that would take her to various parts of the world, she could not help taking her teacher's advice and so signed up for a different major.

What made matters worse was that Biya failed the entrance to the university. This experience left her in despair and devastated for several months.

After some time, Biya pulled herself together and made up her mind to go on a trip. With all her savings, she left for Jeju Island, leaving just a note for her mom.

Biya took a train from Seoul to Mokpo and then took a boat to Jeju Island. The people, the sights, the sounds and even the smells were new to her. It was a little frightening to be in a strange place without anyone she knew. But soon she made new friends and made new discoveries each day.

Two weeks passed and it was time to go home. The thought of how angry Biya's mom would be made her worried. But she was ready to get any scolding from her mom since she believed the trip was absolutely worth it. She felt she was a bigger and stronger person for having made the bold journey to Jeju Island. This short excursion marked the beginning of many other journeys in her life.

Biya only got into college 6 years after that adventure. She decided to go to college because she realized that having a college degree makes a great difference to ones future in any career field in Korea.

After Biya's father passed away while she was in middle school, her family went through a very difficult time financially. Her uncle helped out and paid for her and her brother's school tuition. He cared deeply for her family and helped out in any way he could. She did not like to be helped, even by her own uncle, and tried very hard to be financially independent. After graduating from high school, she was determined not to depend financially on anyone, including her own family. Not even for a penny!

A *missionary who Biya befriended in high school, and many others, helped her find part-time jobs such as translating, tutoring, and DJing at a café. Since she did not have a degree, she was paid about half of what most college students or graduates earned.

"You told me my translation is better than most college students' so why can't I get paid as much as them?"

"I'm sorry, that is the publishing company's rule."

Regardless of the quality of work, without a degree one does not get paid fairly. Just because she did not graduate from college, she was unfairly treated. It was a difficult reality for her to face.

'Okay. I will go to college. I will be a student of the most prestigious university in Korea.'

After setting her goal to major in English Literature in Seoul National University, which is the most highly esteemed

---

* missionary [míʃənèri] ⓝ a person who is sent to a foreign country to teach people about Christianity university in Korea, it turned out there was less than 7 months left before the entrance exams. Her goal seemed to be too high to achieve, but she believed it was not impossible to reach and was worth trying for.

However, Biya did not have enough time to study because she could not afford to quit any of her part-time jobs. So she decided to sleep less, and concentrate more. When she worked as a DJ, she would even avoid many short music requests; instead, she played long symphony orchestra numbers for hours, to buy time.

This was the first time in Biya's life that she was totally focused on one goal. She could be that way because she chose to do it all on her own. No one asked her to do it; no one forced her. It was solely her choice, her goal and her own will.

Where there is a will, there is a way. An American

couple, that used to visit the place where Biya was the DJ for classical music, decided to help her out.

Mr. and Mrs. Whitton spoke to Biya on one of their visits to the café. She was playing a long symphony orchestra number and was focused on her studies.

"What are you working so hard on?"

"I'm studying to get into a university. I need to be accepted by a national university, and it's not easy."

"Why must it be a national university?"

"Private universities are far more expensive. I need to pay for my own tuition."

"I see."

The couple visited the café frequently. After some time had passed, just before Biya was about to enroll, they asked her:

"Biya, which school are you enrolling at?"

"The national university I've been planning to get into."

"Good luck. But even if you don't get accepted by that particular school, don't give up hope. We are here for you, if you need our help. We've been watching you, and we are confident you are a worthy investment. We're eager to help you out with school fees."

"Oh, no! It's very kind of you to say that. But I'll try to make it on my own."

"Of course. We bet you'll make it.'

Fortunately Biya received good grades and got into the school of her choice. However, she had to choose a different university, one that provided a full scholarship with substantial financial support for selected students. The reason was simple. She wanted to focus on her studies without having to worry about money.

After Biya decided to go to the college that provided a

scholarship, she told the couple. And they replied:

"It looks like we missed a golden opportunity to invest in you. But next time, if you ever want to further your studies in the US, do give us a chance to help you out!"

It was thanks to the Whittons that Biya was able to pursue her studies in the graduate school of communications, majoring in International Public Relations, at the University of Utah. After getting her master's degree in the USA, she returned to Korea and began working for a very *prestigious public relations firm. The job stability meant that she could begin planning for another ambitious trip – around the world.

There is never a 'perfect time' to go on a trip. There will always be excuses to postpone it, due to lack of money, time or energy. Biya was in her 30s, and there might never have been the right time for a trip around the world. So she

---

* prestigious [prestɪdʒəs] ⓐ respected and admired as very important or of very high quality

decided she should quit her job after 3 years and use the money she had saved to go travelling.

Three years later, it was time for Biya to begin her planned world trip: backpacking, all overland by herself. First stop, Nepal. Initially, She wanted to start with the most challenging destination. But then, her love of mountains took over and, first and foremost, she decided to visit Nepal, famous for 8 of the world's 10 highest peaks. She wanted to hike around those wonderful mountains at least for a month.

Even when Biya was a little girl, she climbed various mountains all over Korea with her dad. She stood out wherever she went, since there were few children her age who went mountain climbing.

Grownups were impressed at how such a tiny girl could quickly climb up the mountains. They would applaud her and hand her snacks.

"The little one is as *agile as a squirrel. Who did you come with?"

"With my dad!"

"Good job! Have some candies."

At first, Biya was motivated by all the attention and praise she received. Gradually, she realized climbing itself was enjoyable as well as rewarding, and got better at it.

But trekking in Nepal was obviously different to Korea. Altitude sickness is one of the deadliest foes. In high altitudes, lack of oxygen causes breathing irregularities, headaches and even loss of consciousness.

Biya also experienced *symptoms of altitude sickness when she ascended more than 3,500 meters above sea level. She felt dizzy, *nauseous and had a fever. Her face swelled up so badly, she could not open her eyes. She had no choice but to climb down the mountain.

---

* agile [ædʒl] ⓐ able to move quickly and easily
* symptom [sɪmptəm] ⓝ a change in your body or mind that shows that you are
                              not healthy
* nauseous [nɔ:ʃəs] ⓐ feeling as if you want to vomit

"Biya, are you okay? You need to climb down and get some rest. First, have some of this. It's garlic. It's good for altitude sickness. Bite a bit of it. It'll help."

A Sherpa(the name of the Nepalese who help climbers) mashed a few cloves of garlic with a stone and fed it to Biya. After that, he first carried her backpack for about 100 meters, then he came back to carry her for that 100 meters. He continued to do that for half a day. Finally, they reached a point where she did not feel sick any more, and rested there for a full day.

After Biya gathered herself, she began trekking again with the Sherpa. Fortunately on her second try, she was able to complete the trekking course. It was her first significant accomplishment during her 6-year-long world trip. After braving one *ordeal, she gained confidence to take on many challenges.

---

* ordeal [ɔ;rdi;l] ⓝ a difficult or unpleasant experience

Biya was grateful to the Sherpa for his help. So she gave him a very sturdy pair of hiking shoes as a present. In return, he invited her to his humble house. His parents were very glad to meet her. They fed her with a tremendous amount of Nepalese food and wished her the best of luck by putting a red dot in the middle of her forehead near her eyebrows. All of them had a wonderful time.

This experience in Nepal became a valuable source of strength for Biya throughout her journey. She thought to herself,

'This much, I can handle.'

Biya also felt that each traveler and each person met while travelling represents their own country. Because of this experience, she would later be excited to meet anyone from Nepal and would do whatever she could to help them.

One time, Biya ran into two Nepalese factory workers

taking a break with some snacks and soda near her house. She began talking to them, and found out that because of their *meager salaries, they could not afford to buy meals on Sundays when they did not work but rather had chips and soda for dinner.

Biya felt sorry for them.

"I'd like to invite you to my house for a proper meal. What dish would you like to have?"

"A lot of fried eggs."

Biya bought more than two dozen eggs and fried them for the two. The young men wolfed it all down, muttering.

"Dhanyabaad! Dhanyabaad! (Thank you! Thank you!)"

"What else?"

"A bath. We can't afford to go to a public bath."

"Then let my nephew take you to one."

"What? Why are you so kind to us? You hardly know

---

* meager [mí;gər] ⓐ deficient in amount or quality or extent

us."

"Well, someone in Nepal helped me out a great deal when I was there. He saved my life! Since then, I wanted to return the favor to any Nepalese I met."

The two young men would be invited to spend many special days together with Biya's family until they returned to Nepal. The kindness demonstrated by the Sherpa from Nepal left a lasting impression on her. And in turn, she returned the love to anyone she met from Nepal.

When you're a traveler, any small act of kindness by someone can reflect a positive image of the country that person is from.

That's why it's important to remember 'I represent my country.' when you're travelling anywhere in the world. Biya learned this fact and experienced its impact. It's something that she never forgets while she's travelling.

Three and a Half Times Around the World on Foot

From Nepal, Han Biya travelled to Africa, the Middle East, Central and South East Asia, South and Central America, and all over China including Tibet. She joyfully continued her 6-year long backpacking, all alone, and overland.

It was fascinating but it was not always easy. Biya often faced difficulties and overcame obstacles and hardships along the way. Her motto was; 'If there's a 1% possibility, I won't give up.'

Here is a good example.

While Biya was crossing over from Herat, Afghanistan to Turkmenistan, something happened at the border immigration office. It should have been a simple process, but the officials took her passport away and did not return for over an hour.

Biya was worried because when you're a foreign traveler, your passport is more important than everything you have and is almost as important as your life. There was nothing she could do other than waiting in a room.

Two hours later, an officer rushed to Biya, and he told her in broken English:

"Your passport is fake. Your entry is denied."

"What? What are you talking about? If this was fake,

how could I have used it to travel this far?"

"There are irregular numbers on certain pages, and your photo looks fake."

"That's the page number! Of course, my face now and the face in the photo which I took in Korea could look different. I have been on the road for more than one and a half years. Get me someone who speaks proper English!"

Biya was furious. But the person she spoke did not speak English at all. And she could not speak Russian at all, so communication was a problem.

As Biya *erupted in anger, the officer went back to check up on the matter with his headquarters. Another hour passed. He showed up and said:

"We found out that your passport is real. But only people from Afghanistan and Turkmenistan can pass this border. Foreigners like you are not allowed to pass."

---

* erupt [ɪrʌpt] ⓥ to start happening, suddenly and violently

"I waited here the whole day! What are you talking about?"

"There's nothing I can do. If you want to enter Turkmenistan, you need to go back into Afghanistan and take a flight instead."

Biya could not contain her *frustration. However, she could not help but ride an old Jeep for hours to return to Herat to meet the consul of Turkmenistan. Still, there was no guarantee he could help her out, but she decided to try.

The following day, Biya was at his office early in the morning. Too early, in fact. The gates were not even open yet. She had to wait for him to come to work.

"I was able to successfully cross Africa and the Middle East countries all overland, and I am trying to go to Moscow from here to take a trans-Siberian train to go home. I really do not want to take an airplane if there is any way I can avoid

---

* frustration [frʌstreɪʃn] ⓝ the feeling that accompanies an experience of being thwarted in attaining your goals

it. So would you please write a memo on my passport asking them to allow my entry through that border?"

"Since you ask me so desperately, I will do that for you. But it all depends on the officers at the border. They might choose to ignore my letter."

Biya rode back on the Jeep to the border in the freezing cold weather. The officers were surprised to see her back. She showed the memo written and signed by the *consul. The officers had not expected her to go back to the consul. They got to work and made sure she got what she wanted.

The same officer that was so rude to Biya the day before suddenly left with a big smile showing his gold tooth.

"Welcome to Turkmenistan."

To his broken English, Biya replied with one of the few Russian words she knew.

"Spasiba (Thank you)."

---

* consul [kɑːnsl] ⓝ a government official who is the representative of his or her country in a foreign city

Apart from difficulties of this kind, travelling with a heavy backpack for long years was not easy. But Biya made valuable friendships along the way and was grateful to all who helped her out.

Biya had a memorable experience during her visit to Amantani Island, Peru. She crossed Lake Titicaca to get to Amantani Island. The old lady who provided the home-stay *accommodation was living with her granddaughters. Communication was a problem, but they were warm and friendly.

Upon arriving at their home, the little girls greeted Biya warmly. They all sat together in the very smoky kitchen. She was wanting to please the little ones when she noticed the girls' long hair. She asked them:

"Would you like me to braid your hair?"

"What's that?"

---

* accommodation [əkɑ;mədeɪʃn] ⓝ a place to live, work or stay in

"Where I come from, we do that with our long hair. I think you'll look nice with it."

Biya approached the youngest who was about 6 years old, sat her down, and started braiding her hair. She looked neat and cute like a doll with her new hairstyle. Another girl soon asked her:

"Wow! It's pretty. Can you do that for me?"

"Sure. Let me try something more traditional on you."

As Biya combed her hair and braided it, the little girl smiled and giggled happily. They wanted their grandma involved as well.

"Granny, ask her to do yours too."

"No thanks, I'll pass."

Although she shied away, Biya pulled her in.

"You'll look so good with it. Let me do it."

She smiled and let Biya work her magic. Soon, all the

ladies of the house had their hair done. The old lady put on a shy smile and checked out her hair. She was pleased. Through this '*hairdo event', they all grew closer together.

When Biya was about to leave, the old lady said to her.

"Biya, it was wonderful to meet you. I will pray to my God to protect you for the rest of your journey. Give me your hand, Biya. I have something for you."

The old lady gave Biya a beautiful traditional bracelet made with colorful strings. It was the type that the townsfolk make to sell to tourists for a living.

"It's beautiful! I will take it. How much is it?"

"No need. It's our gift to you!"

"No. You need money to take care of these children."

Biya said with surprise.

"Oh, please take it. It is a gift from bottom of my heart."

The oldest of the girls replied with a shy smile. That

---

* hairdo [herdu;] ⓝ the style in which a woman's hair is arranged

small gift brought Biya much joy and she wore the bracelet for a long time until it was totally worn out.

When Biya visited Lake Atitlan, Guatemala, one of the most beautiful lakes in the world, she decided to stay in San Pedro, a small town close to the lake.

Biya travelled by boat to get there. During the boat ride, she became friends with a man. While talking about a range of topics, she asked if she could stay at his place so she could better experience the local people. He said she was most welcomed.

When Biya arrived at his house, his wife and children were very excited to have a foreigner in their home. Their children loved soccer and she could talk to them about the World Cup.

One day, Biya cooked traditional Korean fried rice and shared it with the family as well as all their neighbors.

In return, they brought their own food such as corn soup or red bean paste. By cooking and eating together, she and the people of the whole village became good friends.

This part of Guatemala is famous for coffee. Thanks to coffee plantations, the locals could earn a living during harvest time. However, what they earned was too little to make ends meet.

While talking to Biya's generous host, she learned about his financial difficulties. She wanted to help them out with their children's school tuition fees. But he strongly declined, saying:

"Thank you very much but we can manage."

Biya thought for a long time about how she could help. His wife's waistband gave Biya an idea.

"That's beautiful. Is that a part of your traditional *costume?"

---

* costume [kɑ;stu;m] ⓝ   the clothes worn by people from a particular place or during a particular historical period

"Yes. We usually use homemade ones to save money."

"I'd like one too. My sister collects them and she would love to have one. Could you sell one to me?"

"It's nothing special. It's homemade, I don't know if I could charge you."

"It's okay. Since there is no set price, you take what I pay you."

Biya gave her a decent amount of money, and she *reluctantly accepted it. She hoped it could help them with the children's school tuition.

It was time to leave San Pedro. The youngest boy who loved Biya clutched her and refused to let go.

"Can't you leave next Sunday?"

For the young boy, next Sunday is in the infinite future. Biya gave him a tight hug and said:

"We'll meet again 'next Sunday'! I promise you."

---

* reluctantly [rɪlʌktəntli] (adv) hesitating before doing something because you do not
 want to do it

During Biya's travels there were many moving moments like this, but she also faced many dangerous situations, including life-threatening ones.

While being open and respectful towards other cultures, one has to be aware of the many dangers that *lurk in unexpected places. That's why adhering strictly to safety regulations, and never letting one's guard down, are important. For lone travelers, the real danger lies not outside, but within. One should learn to stay calm in the face of danger.

Biya learned this the hard way in Calcutta, India. Since her lodging was in the heart of the city where she felt safe, she wandered too far out of the area, and got lost.

Biya had to take a motor rickshaw. She thought it would not take that long to get back to her lodging. But the rickshaw driver seemed to have different ideas. He was

---

* lurk [l3:rk] ⓥ to wait somewhere secretly

moving further out of the central district and into to darker places. He even took a strange man on board with her, assuring her that he was just a friend.

Biya sensed something was wrong.

"Excuse me. I don't think this is the way. Where are we going?"

"This is the way. I'm taking a shortcut."

"I'm not in a hurry, so take the main road."

Though Biya was scared, she tried to look as calm as possible. When the driver approached a dark alley and was about to enter it, she shouted at the driver.

"Didn't you hear me? Get me out of this alley!"

Biya used her backpack to hit the driver on his back, hard. Then she jumped out of the rickshaw onto the road. Fortunately, she saw a car coming from the distance. She rushed to the middle of the road and stopped the car for help. Fortunately, they stopped and gave her a ride home.

The owner of the guesthouse simply shook his head and rolled his eyes as he listened to Biya's story.

"You were very lucky. I heard that recently people got hurt or even killed in those alleys. So don't ever go near such places next time."

Biya let out a sigh of relief. She learned a valuable lesson on some things that travelers must do and must avoid at all costs. The most important rule for safe travelling, especially in the biggest cities in the world is; 'Never go out to an unknown place alone after dark.'

04

Walk Across Korea on Foot

The final destination, after 6 years of travelling along the less beaten tracks around the world, was Tibet. While Han Biya were there, she got to know a fellow traveler.

"Hi, where are you from? I'm from the US."

"Hello. I'm Han Biya, Korean."

"Korea? One of my relatives used to work in Imshil. He told me many interesting things about the place."

Finally he said:

"I really want to visit Imshil in the near future. It's so good to meet a Korean traveler in Tibet."

Biya was wondering and said to herself:

'Where's Imshil?'

She could not quite figure out where it was. Then she thought to herself:

'I thought the world was such a small place, and here I am wondering where a city is in Korea. All right, after this world trip, I will walk across Korea, just as a marathoner would run around the main stadium upon completing the marathon.'

That's how Biya 49-day trip in Korea began. She decided to walk from the southernmost town of the Korean peninsula called Haenam (Land's End) in Jeolla-Namdo to the northernmost place of South Korea which is the

Unification *Observatory of Gangwon-do.

When Biya started this trip, her heart was beating just as hard as the time she set off around the world. While walking through South Korea, she had ample time to think about various things. She was ashamed of overlooking the beauty of the land closest to her heart and was moved by the kindness of its people. She still recalls vividly how so many kind old ladies provided her with free food and lodging, and how they always implored her to stay longer.

Biya also realized how quickly one can walk. On the first day of her trip, the kind ladies in Jeolla-Namdo expressed their skepticism:

"Travelling on foot all the way to Gangwon-do? No way! That's too far. It's impossible. You'd better not even try!"

But 49 days were all it took for Biya to walk across South Korea. Through this trip, she learned the power

---

* observatory [əbz3;rvətɔ;ri] ⓝ a place or institution equipped for observation of natural phenomena

of 'Taking it one step at a time'; even though it seems impossible at first, if you keep on trying, one step at a time, you will eventually get to your destination.

If you have a goal, you should get started right away. Not tomorrow, not the day after that, but today. And you don't have to run or fly towards your goal. One step at a time on foot is all it takes. Still today, she draws tremendous strength from that simple maxim: 'One step at a time.'

After that trip, Biya was already *brimming with excitement about a new challenge. This time, it was mastering the Chinese language.

Biya always felt that, if she wanted to work all over the world, she should be able to speak at least 5 different languages.

While travelling around China for 8 months and interacting with people in broken Chinese, Biya became

---

★ brimming [brímiŋ] ⓐ the top edge of a cup, bowl, glass, etc determined to master the language. Since she was good at Chinese characters during middle and high school, she had a good foundation for learning Chinese.

Biya wanted to learn Chinese mainly because she liked it. In addition to that, she felt that being fluent in Chinese would help her learn more about China and understand more about the origins of Korean culture.

Also, since China was considered to be an emerging world power, fluency in Chinese would make Biya more useful on the world stage.

After planning for an entire year, Biya finally arrived in China. However, nothing worked out as planned. Finding a place to stay and enrolling at a school were not as easy as she thought. She had to look around a number of places to find a room to stay and a school where she could take classes.

Biya could not enroll at the school she had originally

planned to attend. Instead, she signed up for a course at a private language institute.

Most of the students were in their 20s but Biya, aged 41, was the oldest one in the class. Many asked her about the challenges of studying at her age.

"It's not easy, is it?"

"No. It is not easy at all. But I am enjoying it very much. Being older is a disadvantage but it could also be an advantage. I have the *impudence to ask any questions during class, and to speak up loudly. Sometimes my kind classmates bring me a cup of coffee, and some mistake me for a teacher."

As upbeat as Biya may sound, she did face many challenges. Memorizing new things was not easy. She had to write, read and try to memorize over and over again. As she had got older her eyesight had *deteriorated, and this

---

* impudence [ímpjudns] Ⓝ rude; not showing respect for other people
* deteriorate [ditíəriərèit] Ⓥ to become worse

made it hard to read the tiny words in the dictionary.

But all in all, Biya was happy to be studying. It was what she wanted to do and chose to do. She felt it was the right time to do it, even when everyone said it was too late.

It is said that there is a set time in a person's life for certain things. You study at a young age, and as you grow older you get married, get a job, save money, have kids and then enjoy your twilight years.

Most people compare where they are at specific times of their lives with the pace of others. Then start worrying if they're lagging behind. But is it really important to adhere to such standard timetables?

Biya felt it's important to follow one's own time and pace in life. Just as a flower that blooms in autumn does not envy the one that blooms in spring, each and every one has his or her own time and pace in life. Just as autumn flowers are not labeled as late bloomers, people should be given the same respect. Just because one uses a different time frame, one should not feel *disheartened or anxious about falling behind. Everyone has his or her time to peak or blossom or shine in life. One just needs to be well prepared so that when the time comes, his or her blooming is its fullest and most beautiful. She believed in this simple fact.

Many people envy Biya and say:

"You really do whatever you want in your life. I wish I could be like you but I just don't have the time."

To tell the truth, there are many things she did not do or cannot do even though she badly wants to. She has limited time and energy, the same as others. Every time she hears something like that, it reminds her of a story.

When you have rocks, tiny pebbles and sand to fill a jar, you can't start with the sand. Because then, there may not

---

★ **disheartened** [dɪshɑːrtnd] ⓐ to make somebody lose hope or confidence be enough room to squeeze in the rocks and pebbles. But if you start with the rocks, then the pebbles and then add the sand, these three will effectively utilize the space and all three items can fit in.

Life is not much different.

*Prioritize!

Do what's more urgent or important first, then do the rest. Once you truly believe that doing one thing is the most important, focus on this, concentrate on this, devote yourself to this, and put all your time and energy into this. By doing that, you will miss many things along the way but you should not mind what you miss because you will do the most important thing in your life.

Biya did not travel around the world or study abroad because she was rich or had special connections in these places. She planned and prioritized things well. First she

---

*prioritize [praɒ;rətaɪz] ⓥ assign a priority to

would think of what she loves to do most, then she would figure out what she needs to do to be fully prepared for it, then finally she would put it all into action.

05

Be Our Relief Team Leader!

Just before Han Biya returned, having completed one year of studying Chinese, she started planning to achieve her next goal.

Biya wanted to become a humanitarian worker who provides help where it is needed in the world. While she travelled around the world, whenever she met children from refugee camps or villages, she felt compelled to take part in efforts to help them and their people.

At a village near a refugee camp in East Africa, Biya met children whose families had to run away from their hometowns due to conflicts or severe drought. They all welcomed her, a stranger, with open arms.

Some of them were seeing an Asian woman for the first time, and like other children in the world they could not conceal their curiosity. They followed her all around all day long.

Biya instantly became good friends with them. Some of them had the most beautiful smiles she had ever seen. Whenever she took pictures of them, they stuck their tongue out as a token of shyness.

"Look at your tongues. They're so pink. I'll call you Pink Boys. You are Pink Boy #1, You are Pink Boy # 2, You are Pink Boy # 3..."

"Pink Boy? Sounds pretty to us!"

One time, Biya had to leave the village for a few days to sort out a visa extension. When she returned to the village from working in the capital of the country, she felt something was wrong. The boys should have seen her from a distance and run toward her. It was too quiet.

"Hello, pink boys! Where are you? Where are you hiding?"

Biya searched high and low, thinking that they were playing hide-and-seek with her. A villager came up to her and said:

"They're not able to play with you anymore. Half the 'pink boys' of the refugee camp are sick in bed and a few of them already died of cholera-like diseases."

"What?!!"

Biya was shocked and became speechless. She thought

it was ridiculous. Mere high fever and *dehydration killed them. It was because they could not access or afford basic medical aid which would not even cost a dollar. In these unfortunate parts of the world, such tragic events happen on a daily basis.

The one person who motivated Biya to become a humanitarian worker was a girl she met at a refugee camp in Herat, Afghanistan. She had a great time there with children, teaching Taekwondo, drawing flowers on their fingers and watches on their wrists with a 3-color ballpoint pen.

After a while, a girl who had gotten a drawing-watch from Biya hurriedly went home and came back. She walked on crutches because she was missing her left leg and right arm. She must have stepped on one of the millions of land mines buried in Afghanistan. She shyly offered Biya a piece of bread she took from home, as a gesture of friendship. She

---

* dehydration [dìːhaidréiʃən] ⓝ to remove the water from something, especially food, in order to preserve it

was torn between two choices.

'If I eat this bread, then she won't have anything to eat for now. But if I refuse it, she might feel embarrassed and disappointed.'

After thinking about it for a minute, Biya took it and put it in her mouth. The girl gave her a big smile. The other children, who were watching, all started giggling and shaking their shoulders with joy. They were very pleased.

Watching their innocent and precious smiles, Biya became determined to do whatever she could to take care of the children in the refugee camps.

'Perhaps the reason why I majored in international public relations and travelled all over the world is so that I can become a good humanitarian worker.'

Biya thought about all the children's needs she had encountered along the way.

The children from Peru were suffering from extreme poverty so they had to become pickpockets. Starving children from Bangladesh were happy to find some rotten mangoes in a trash can. Displaced children from villages in East Africa were brutally assaulted and harassed by rogue soldiers. They were even forced to join unauthorized military forces as child soldiers. They were all part of the sights and sounds Biya soaked in during her travels.

Biya tried hard to find ways to help those children in need whenever she encountered them during her travels. Feeding them, playing with them, even helping them to learn English. She could not do much, but she realized any little thing she did had a profound impact on their lives, and provided them with much joy.

Gradually, Biya became more and more determined to dedicate her life to systematically helping such children and others in need around the world. Now the faces, the smiles and the tears of each and every one of these children became vivid reminders of what she must do with her life.

After Biya finished her studies in China, she finally started to work as a relief worker.

One day, *out of the blue, Biya received a call from Oh Jaeshik, the CEO of World Vision.

"Is this Han Biya?"

"Speaking."

"Very nice to talk to you on the phone. I'm Oh Jaeshik, CEO of World Vision Korea."

"World Vision? The CEO himself?"

"We have a proposition for you. I am calling you after I read one of your interviews in the newspaper saying that you are very much interested in humanitarian work. We are a Non-Government Organization dedicated to helping people

---

* **out of the blue**   not anticipated

in need around the world, and establishing operations geared to providing them with relief and development projects. We hope you can join us as our Emergency Relief Team Leader."

Biya, who had been hoping to find ways to get involved in relief efforts, jumped with joy as she listened to the CEO's words. It was overwhelming. But she did not immediately accept the generous offer. She wanted to think carefully about whether she had what it takes to be the emergency relief team leader.

Biya asked the CEO to give her an opportunity to visit the field before she made up her mind. Her request was accepted and she was able to make a 15-day trip to Kenya and Cambodia with World Vision Korea and learn how the organization worked.

The situation in both places was a lot worse than she anticipated. Many years of drought were common in Kenya.

There was never enough drinking water for people, nor for livestock, much of which cannot survive, resulting in severe food shortages. Because such situations do not allow people to wash themselves, many people were infected with various diseases. Eye *infections from rubbing their eyes with dirty hands were abundant. And because they could not get immediate treatment, as the infections got worse, many people lost their eyesight.

Biya became more determined than ever to play her part in providing access to water and healthcare to as many suffering people around the world as she could.

The time had ripened for Biya to make the momentous transition to Emergency Relief Team Leader. The changeover did not involve particular powers or a dramatic turn of events. For the 'Daughter of the Wind' it was a natural

---

* infection [ɪnfekʃn] ⓝ the act or process of causing or getting a disease

transition. She is a person who obeys her own strict rules and habits and also follows her heart.

06

Marching off the Map

In October 2001, Han Biya became the Emergency Relief Team Leader for World Vision Korea. Her first assignment; Herat, Afghanistan. Interestingly, this was the very place where she promised herself to become a relief worker.

Even though Biya was an experienced traveler, humanitarian work was new to her, and she had a lot to learn. There are numerous rules and regulations to abide by, due to the security situation. Relief workers have to be extremely careful about this because the slightest errors or mistakes can lead to major *catastrophe.

Literally, Biya was very nervous while *learning the ropes. Also, she had to complete many hours of strict education and training before starting work.

One of the most important rules is;

'Life is more precious than anything else.'

If you are confronted by armed robbers, you must give up whatever belongings they demand.

'Maintain communication with Headquarters at all times' is as important as the first one.

It is the only way to monitor and update everything that goes on. One must never turn off his or her communication radio, and must contact, or wait for contact, at the designated

---

* catastrophe [kətæstrəfi] ⓝ a sudden event that causes many people to suffer
* learn the rope   learning the basics, for example in a new job

hours.

Biya memorized the rules by heart and vowed strictly to abide by them. But she is only human, and made silly mistakes in her first mission.

One day, Biya went out with her colleagues to town to buy something. She got caught up with excitement and completely forgot to contact Headquarters every 30 minutes. Her team was out of reach for two whole hours. The team manager was furious with her. All she could do was apologize and promise she would never make such mistakes again in the future. Despite her all-out efforts, she made similar mistakes over and over again.

However, by far the most difficult task for relief teams was deciding which village to help. There are so many villages where help is *desperately needed, but it can't be given everywhere. The teams would love to help everyone,

---

* desperately [déspərətli] ⓐⓥ   with great urgency

but there is limited capacity as to what they can do and where they can go, due to limited funding, resources, staff, and so on.

Biya's team's selected destination was Kucha village which was situated in the middle of mountains. The team had to travel for many hours along the narrowest of paths to the village.

Biya met a young girl of about 7 or 8 who was *squatting on the side of the path, eating blades of grass. The girl took Biya's team to her home and they realized the whole family was severely malnourished and a newborn baby was very sick with symptoms of coughing and diarrhea.

In fact, the whole village was in a similar condition. Most families were starving and some would die in a matter of weeks if they could not receive food from outside. The team was speechless.

---

* squatting [skwɑ;tiŋ] ⓝ the act of assuming or maintaining a crouching position with the knees bent and the buttocks near the heels

Biya's team immediately took the sick baby to the therapeutic feeding center, operated by World Vision, in town. When they arrived at the center, the look on the mother's face was telling them:

"Thank you very much for saving my baby's life."

The situation was even worse in more remote areas.

A boy named Saayd was barely breathing. Biya carried him and rushed to the World Vision-run medical clinic. As the medical team checked the boy, she anxiously asked the doctor about Saayd's condition.

"Honestly, there's almost no hope. He is *malnourished beyond treatment. He has no strength to carry on."

"But please do whatever you can. As long as he has breath, we must do everything we can to save him."

"Of course. We will do our best and have faith that he

---

* malnourished [mælnɜ;rɪʃt] ⓐ   in bad health because of a lack of food or a lack of the right type of food

will get through it with us."

Having to watch children suffer and fight through pain, Biya had to cry behind the door every day. Even though she is cheerful and bursting with positive energy, she felt lost and deeply worried watching so many children like Saayd standing on death's doorstep. But she tried her best to put a smile on her face and cheer them up.

Saayd was very weak, and he often fainted. Such children needed to be fed with *therapeutic porridge every 2 hours. She had to wake him up and continue to feed him routinely.

"Saayd! Wake up! One more spoon! That's it. You can do it."

"Open wide! This porridge will save your life. Just hang in there. Please get better soon."

Sadly, Saayd's condition did not improve at all.

---

* therapeutic [θerəpjuːtɪk] ⓐ designed to help treat an illness

One day, Biya was carefully feeding Saayd with porridge, as usual. One spoon, two, and three.

Then suddenly Saayd straightened his neck and looked directly at Biya. It was a good sign of recovery. He was getting better! She was so happy to witness that moment, she could not help smiling at him. Miraculously, Saayd smiled back. This was one of the most emotional moments in her life.

Biya held him tight and prayed.

'Thank you, God! Thank you, Saayd, for coming back to us. Thank you so much.'

Most places the team visited were either hit by natural disasters such as earthquakes or floods, or by the ravages after war. But in the ashes of such bitter catastrophes, they found hope, and they built friendships with incredible people.

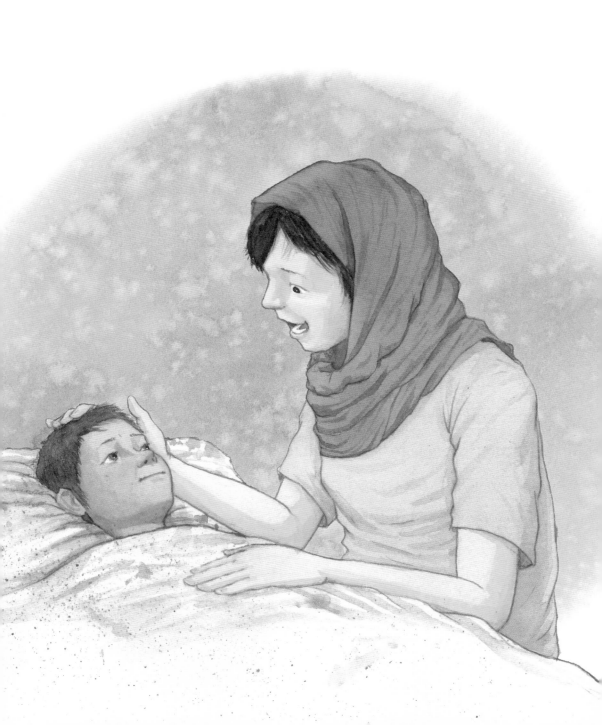

It was during a relief effort in Mosul, Iraq. After the war, the people could not get access to clean drinking water. Biya was appointed as head of water and hygiene programs. The people had to suffer perennial temperatures that reached 50 degrees Celsius without enough clean drinking water.

More than 70% of the children in this city suffered from diseases contracted by drinking contaminated water. Even in school, the children did not have proper facilities like a water fountain or a toilet. They had to wait until they got out of school to relieve themselves.

The team's first priority was building water fountains and working toilets for the school. First, they employed over 100 local people to help search for schools in need and to construct the necessary facilities.

Biya Saayd this to the first team at the kick-off meeting for the projects:

"What we're doing is not merely building water fountains and facilities here. Water is life and water is love. We are giving love. Thank you for being part of the mission of love. I love you all."

The next mission for Biya's team was deciding on the construction company, and supervising the staff. The residents were suspicious and skeptical about what her team tried to do, since the concept of humanitarian assistance was totally new to them. They even thought that we were the part of the US military relief team.

This was where Biya met Besma, a 10-year-old girl from a local village. She was the daughter of a school guard. Her entire family lived in a small room next to the main gate of the school.

On the first day of construction, when Biya was out in the *scorching sun, Besma brought her a glass of water to

---

* scorching [skɔːrtʃɪŋ] ⓐ very hot

drink. She knew that the water was unclean and unsafe to drink, but she took the glass and finished it. Besma was so glad to see Biya drank the water she gave.

From the first day, Besma tried to stay as close as possible to Biya the whole time she was working. She reminded Biya of her niece back in Korea.

Besma, which means beautiful smile, was adorable and Biya could not resist her charms, including her big and innocent smiles. Naturally they got closer.

Besma often talked about how school had to shut down due to the war. How she hated the fighters that barged into school and took whatever they wanted and destroyed everything they passed by. She always ended her story angrily saying:

"Halas, halas! (Enough, enough!)"

Biya felt sorry for the little one who had to face the

terrifying experience of war first hand.

Biya jokingly appointed Besma as her 'personal assistant' and Besma performed her job very well with a bright smile. They had a very good time until construction was completed.

One day afterwards, to Biya's surprise, Besma visited Biya's office with her father and asked:

"Biya, why don't you come to our school anymore? I miss you very much."

"My dear Besma, I miss you a lot too. But as I told you, my work there is done. I need to work for other schools."

"Oh, Can't we see each other anymore, then? Here is what I made for you."

It was a hand-made card, filled with beautiful pictures and a photo of smiling Besma. Biya happily accepted the gift and gave her a big hug. Besma was glad to know she liked her gift. Children like Besma made her commit herself to helping children in need, no matter how rough things go.

In December 2004, Biya was deployed to South East Asia when it was struck by a Tsunami. There she met a 10-year-old boy who lost his mother and sister to the disaster. When the huge wave swept them away, he could not hold on to his little sister. He blamed himself for losing her.

"I can still hear her screaming at me, 'Brother, Help me!' I should have held on to her tighter."

He could not hold back the tears. Biya replied:

"It's not your fault at all. You are a little boy. How can you fight against the mighty Tsunami? But you are a brave survivor."

In the midst of all the chaos, life goes on. Makeshift schools were set up, classes were conducted and the young students memorized the multiplication tables. The women were busy preparing the fishing nets. Some were getting married, some were giving birth.

Biya knew there was a place for her. Her duty; helping to make sure they never give up the hope for life.

Even after the situation has settled down in disaster-struck areas, follow-up assistance is still important. This post-disaster support is critical, especially for children. Biya feels that sponsoring children in need is the most rewarding experience in relief efforts. That is why she sponsors 3 boys and 3 girls, one from each continent.

One of them is Zennebu, a girl from Ethiopia who had to work and take care of a baby brother and her father who could not walk properly. With just a monthly contribution of around 30 dollars, she was able to attend school and receive medical care such as a check-up and malaria treatment.

The family of Adori from Bangladesh was able to

purchase a goat, and a second-hand rickshaw thanks to the financial aid received from Biya as her sponsor. Her family became self-reliant and did not have to ask for help again from anyone.

Enkhjin from Mongolia was suffering from rickets, a condition where bones are twisted due to deficiency or impaired *metabolism of vitamin D. But thanks to her sponsor, she was able to receive proper medical treatment and finally to walk straight, and the family was able to buy enough coal the bitterly cold winter.

Literally, humanitarian assistance and child sponsorship alone can not help everyone in need or change the world overnight. But Biya felt her team's dedication will make a difference. They could save lives, alleviate suffering and maintain the dignity of disaster-affected people.

Sometimes, people would ask Biya.

★ metabolism [mətæbəlɪzəm] ⓝ the chemical processes in living things that change food, etc. into energy and materials for growth

"Why do you go out on such dangerous missions and risk your life when you could settle for a safer, more comfortable job?"

She would respond to that with a smile:

"My work gets me excited. At times I do get frustrated; I do feel tired and angry at work. But the fact that I'm making a difference, that I'm helping to save and change lives, gives me great joy and satisfaction. I feel I am extremely lucky because I am doing what I really want to do and at the same time I am helping the people who need me most."

07

The Biggest School in the World

'I need to further my studies.'

After 9 years of leading relief teams in various disaster-struck areas, Han Biya faced a dilemma. She worked with the best in their respective fields and became an experienced relief worker, but she felt there were still limitations to her professional growth and influence in the field.

Biya discovered that many international humanitarian

assistance regulations, standards and manuals were not really applicable in the field. The same applied to her own organization's regulations and manuals.

For example, in countries like Afghanistan, women are not even allowed to express their opinions or speak to men. In such places, the team could not adhere to the standard protocol such as ensuring a balanced number of males and females in newly established residential areas. Her frustration grew in instances similar to the one above, which kept getting in the way prior to the relief work.

Then one day, Biya finally decided to do something about it. She was certain that she should further her studies in relief work, so she could become a more efficient and effective, and thus more useful, humanitarian worker.

Compared with building houses, the relief work Biya did in the past was more or less like hammering away, following the construction manual. But studying relevant subjects to become a better relief worker was like creating the blueprint or the construction manual herself.

Biya went to Boston, USA, to study humanitarian assistance at the Fletcher School of Tufts University. She wanted to be well equipped with the most up-to-date knowledge from academia that she felt necessary.

Studying humanitarian assistance opened many new doors for Biya. After completing her master's degree, in 2011, she was appointed as an adviser to the Central Emergency Response Fund(CERF) of the United Nations(UN). The UN recognized her experience in the field and her ability to increase public awareness of emergency relief work.

Every year CERF raises about 450 million US dollars for use in emergency relief. Biya's job is to give advice to the Secretary General of the UN to make sure the funds are used efficiently, and at the right time, in the appropriate sectors and disaster-struck countries.

In 2012, another big door opened for Biya. She became a visiting professor at Ewha Womans University, in the Graduate School of International Studies, teaching humanitarian assistance.

Biya very much enjoys teaching and providing advice. However, her passion and compassion lies in the field, and she wants to be in the field as long as possible. That's why, even though she is busy teaching and working as an adviser for the UN and also for the Korea International Cooperation Agency(KOICA), she makes sure that, for at least half of the year, she goes to disaster-struck areas and works there as an in-field humanitarian worker.

For example, Biya worked in South Sudan in 2012, and in Mali in 2013, as a humanitarian and emergency specialist.

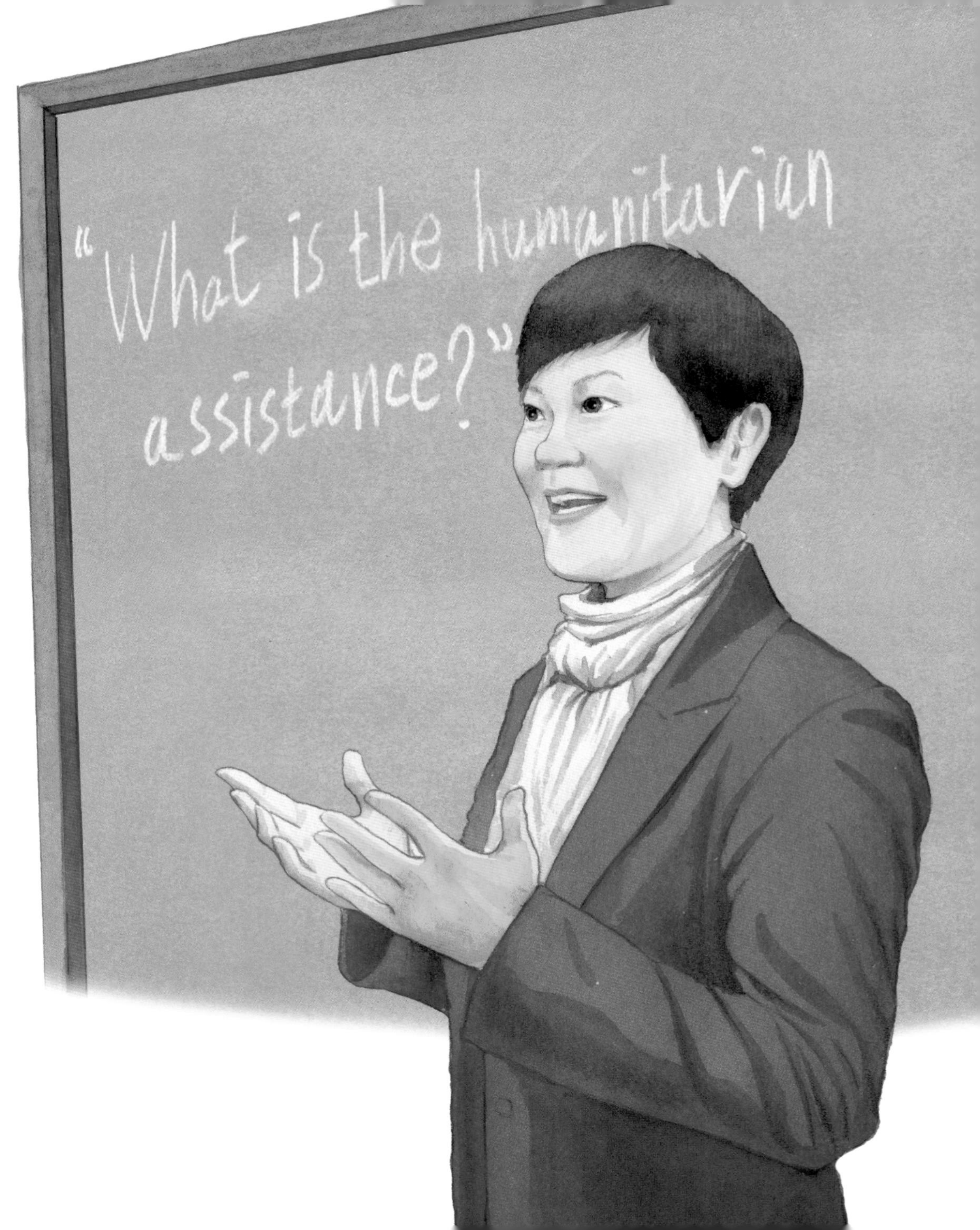
"What is the humanitarian assistance?"

These are not the only new doors that have opened for her. Recently, Biya has got into a brand-new project, or rather area, which she is very excited about and has devoted herself to. It's the foundation of the 'Global Citizenship School' to teach young people how to become good citizens of the world.

Marching off the Map, one of the 8 books Biya has written stirred up a wind of change in Korea. The book was about her many unique and amazing experiences while on relief missions, and also about how to help people in need. To everyone's surprise, it sold more than one million copies.

There was a time when most Koreans were not supportive of international relief and development work.

"Shouldn't we be focused on helping more Koreans in need, instead of those outside our country?"

But even such critics diminished over time.

Korea survived the devastating situation after the Korean War and is very thankful for the relief and development aid it received from other countries. In return, that same Korea gradually became more and more involved in international relief and development assistance.

In fact, Korea became the first country in the world to transform from an aid recipient to a donor country. She is proud to be part of this movement. The change seems ever more evident among children and young adults.

Today's younger generation of Koreans never experienced the same sort of hardships as the post-war generation. Because of this, most people assume they may lack empathy when it comes to the hardships of others.

But Biya felt differently about this. She knew that many schoolchildren were willing to donate their pocket money for people in need when disasters hit poorer countries. They were the young ones who often dug into their pockets and gave her relief money when they saw her in the street or in the subways.

Even kindergarten children have nurtured constructive habits by brushing teeth using cups instead of wasting water, knowing there are African children who have no access to safe drinking water.

These changes of behavior made Biya feel wonderful and also feel obliged at the same time. She vowed to do all she can to provide more opportunities for these young people to learn and grow as great global citizens, and eventually as global leaders.

While working for World Vision, Biya waited for the right opportunity to set up a special team dedicated to turning young people into global citizens. The problem was 'funding', as always. She thought, if only she had around

100,000 US dollars to begin her project!

In 2007, Biya's wish finally came true. A large business *conglomerate proposed that she shoot a commercial with them. While working in the field, publishing books and conducting lectures, she had become quite famous. Naturally, many companies tried to take advantage of her popularity to *endorse their products or services. But she was determined to focus on relief work and not be involved with business activities.

However, Biya learnt that the key message of the proposed commercial was related to the public good. This made her think that the money she was offered to make the commercial could be used to start her school. She accepted the offer, and used every penny she earned from it to start World Vision's 'Global Citizenship School.'

The school requires no uniforms or school fees, and

---

* conglomerate [kəngla:mərət] ⓝ a large company formed by joining together different firms

* endorse [ɪndɔ;rs] ⓥ to say publicly that you support a person, statement or course of action

has no age limit. It is open to anyone who wishes to be a good global citizen. In that sense, it has the potential to become the biggest school in the world.

The school seeks to help people to understand today's common global issues; to recognize their identity as citizens of the world; and to learn that everyone's lives are deeply *interconnected within the global village. More than that, it aims to encourage people to actively participate in making a better world for everyone.

In 2011, Biya became the very first principal of this wonderful school.

Biya is still dreaming.

More and more young people are growing to be active and caring citizens of the world. More and more young ones are motivated and empowered to find ways to solve global

---

* interconnected [ɪntərkənektid] ⓐ to connect similar things; to be connected to or with similar things

issues. More and more youngsters realize that 'my success' should be connected and harmonized with 'our success.'

Biya dreams of seeing these young people grow up and play their respective roles in making the world a better place. The Global Citizenship School will play a vital part in leading these young ones along the way. Her dream will only be able to grow and be alive through them.

Why don't you be one of them and keep marching off the map with Biya?

목차

서문

『영어로 읽는 세계 속 한국인』 시리즈는 우리 시대의 각 분야에서 최고라고

불리는 동시대 인물들의 일대기를 영어로 되짚어 보는 도서입니다.

초등학생부터 성인에 이르기까지 세대를 뛰어 넘어 많은 사람들이 읽을

수 있도록 쉽고 재미있게 구성되어 있으며, 영어 공부에 도움이 되는 것은

물론, 그들이 최고의 경지에 이르게 된 성장과정에 대해서도 알 수 있어 특히

성장기의 청소년들에게 귀감이 될 것입니다.

일곱 번째 시리즈는 한비야에 관한 이야기입니다.

베스트셀러가 된 세계 여행기 덕분에 '바람의 딸'로 널리 알려진 한비야는 국제구호활동가이자 8권의 책을 펴낸 베스트셀러 작가입니다. 그녀는 배낭을 메고 6년간 60여 개국을 여행하는 동안 전쟁과 극심한 자연재난으로 고통받는 난민촌 어린이들을 만나게 되면서 평생의 할 일을 찾게 되었습니다. 난민촌 아이들에게 도움이 되고자 2001년부터는 월드비전 긴급구호 팀장으로 본격적인 긴급구호 활동을 시작했습니다. 이후 9년 동안 전후 이라크, 남아시아 쓰나미 현장 등 최전선에서 구호활동을 펼쳤으며 2010년에는 이론을 겸비하기 위해 미국 터프츠 대학교에서 인도적 지원학 석사 학위를 받았습니다.

지금은 UN CERF(중앙긴급대응기금)의 자문위원으로 일하면서 1년의 반은 한국 대학교에서 인도적 지원에 대해 가르치고, 나머지 반은 국제구호전문가로 현장에서 일하고 있습니다. 또한 월드비전 세계시민학교 교장으로 한국의 청소년들이 세계의 아픔에 공감하고, 깨달은 바를 실천하는 세계시민으로 자랄 수 있도록 돕는 일에도 열정을 쏟고 있습니다.

무슨 일이든 즐겁고 자유롭게 하고, 이왕이면 자신의 일이 다른 사람에게 도움이 되는 삶을 살자는 인생 모토에 따라 지금도 세계 곳곳의 재해 현장을 누비는 한비야. 호기심이 많아 조금은 유별났던 어린 시절부터 희생적인 국제구호활동가가 되기까지의 그녀의 아름답고도 따뜻한 삶의 이야기를 지금 시작합니다.

01

지구도 큰 게 아니야!

어느 햇볕 좋은 겨울날이었습니다. 어린 비야는 따뜻한 방 안에서 창문 밖을 보고 있었습니다. 그러다 문득, 저런 햇살을 받으면 무척 따뜻하고 기분이 좋지 않을까 하는 생각이 들었습니다. 그래서 입고 있던 두꺼운 스웨터를 냅다 벗어 던지고 옷장을 뒤지기 시작했습니다. 같이 있던 가족들은 그녀가 뭘 하려는지 짐작하고는 그저 웃기만 했습니다. 호기심이 한 번 생기면 절대 못 참는다는 것을 잘 알기 때문입니다.

어린 비야는 급기야 옷장 깊숙하게 넣어둔 하늘하늘한 반팔 티셔츠를 찾아 입고는 집을 나섰습니다. 집에 놀러와 있던 비야 어머니의 친구 분이 이런 행동을 보곤 깜짝 놀라 어린 비야의 뒤통수에 대고 소리쳤습니다.

"애, 이 추운 날씨에 웬 반팔 옷이야? 얼른 들어와! 그러다 감기 걸리겠다."

그러나 비야 어머니는 대수롭지 않게 말했습니다.

"그냥 내버려둬. 저 아이는 못 말려. 한번 궁금한 것이 생기면 스스로 깨달아야 직성이 풀리거든. 저러고 나갔다가 추우면 들어올 것이고, 괜찮으면 그냥 다니겠지."

비야 어머니는 딸의 유별난 성격을 잘 알고 있는 듯 했습니다.

"아무리 그래도 그렇지, 애가 감기라도 걸리면 어쩌려고?"

"된통 아파 봐야 그러면 안 되는구나 하지, 저 아이는 아무도 못 말려."

그렇게 나간 지 몇 분이나 지났을까, 어린 비야는 금세 코를 훌쩍이며 집 안으로 뛰어 들었습니다. 추위에 오들오들 떨고 있는 어린 비야를 보고 가족들은 배를 잡고 웃었습니다. 어머니 친구 분은 추운 겨울날 비야를 그렇게 춥게 입혀서 밖에 다니게 하는지 이해가 가지 않는다면서도 어린 비야의 코를 닦아주고는 부드럽게 말했습니다.

"이제 알겠니? 겨울엔 따뜻하게 옷을 입어야 하는 거란다."

"네, 이제 알겠어요. 햇볕은 따뜻한데, 밖이 춥기는 춥네요."

라고 하며 아랫목으로 파고들었습니다. 어린 비야의 대답에 가족들은 다시 한 번 집이 떠나가라 박장대소했습니다.

한비야의 어린 시절 이름은 인순이었습니다. 가톨릭에서 세례를 받으면서 생긴 영세명 '비야'를 지금의 이름으로 쓰게 되었죠. 한자로는 날 비(飛)에 들 야(野)를 써서 세계를 마음껏 날아다니라는 의지를 담았습니다. 이름대로 한비야는 지금 세계 곳곳을 날아다니는 국제 구호활동가로 살고 있습니다.

한비야의 모험심은 하루아침에 생긴 것이 아닙니다. 1958년, 서울에서 태어난 한비야는 어릴 때부터 유독 호기심이 남달랐습니다. 신문기자였던 아버지는 아이들이 세계를 무대 삼아 일하면서 자유롭게 사는 사람으로 자라길 바라셨습니다. 일찍 퇴근하는 날이면 아버지는 한비야와 형제들을 쭉 앉혀놓고 세상 이야기를 들려주곤 하셨습니다.

아버지와 한비야, 그리고 형제들이 가장 좋아했던 놀이는 지도 찾기 놀이였습니다. 세계지도를 쫙 펼쳐놓고 나라 이름, 도시 이름을 누가 빨리 찾나, 산과 바다의 이름을 누가 먼저 맞히나 하는 놀이었습니다.

"이번엔 이스라엘의 텔아비브를 찾아볼까? 누가 누가 빨리 찾나, 시이~작!"

"저요, 저요! 제가 제일 먼저 찾았어요!"

"이제 네가 지도를 완전히 꿰고 있구나."

"헤헷, 지구도 큰 게 아니네요. 종이 한 장에 다 들어가는 걸요."

"그렇지, 이제 이스라엘에 대해 더 알아볼까? 흥미로운 얘기 하나 해주마. 그들과 같은 곳에서 살면서 이스라엘과 분쟁이 끊이지 않는 팔레스타인에 관한 이야기란다."

이렇게 한비야의 아버지는 지도 찾기 놀이를 할 때면 그 나라의 역사와 문화, 국제 관계나 분쟁 이야기도 자주 들려주었습니다. 어떤 이야기들은 전부 다 이해할 수 없을 만큼 복잡했지만 어린 한비야에게는 종이 한 장에 모두 들어갈 만큼 작은 지구 안에 살고 있는 사람들의 이런저런 이야기가 매우 흥미로웠습니다.

어린 한비야가 재미있게 읽었던 책은 쥘 베른의 『80일간의 세계 일주』였습니다. 읽었던 책을 읽고 또 읽으며 세계 여행의 꿈이 자연스럽게 마음에 자리 잡았습니다.

"80일이면 석 달도 안 되네. 전 세계를 겨우 석 달 만에 다 돌 수 있단 말이야? 그럼, 나도 커서 꼭 해볼 거야."

이렇게 한비야에게 세계 일주는 일생에 한 번쯤 꼭 해봐야 할 일이 되었습니다.

세계 일주 여행 중, 시베리아 횡단 열차를 타게 된 것도 어릴 때 즐겨한 지도 찾기 놀이 덕이었습니다. 지도를 들여다보다 지도 한 부분의 커다란 대륙이 전부 한 나라라는 데에 놀랐습니다.

"아버지, 이 땅이 모두 한 나라인가요?"

"그래, 소련이라는 나라인데, 땅 크기로만 치면 세계에서 가장 큰 나라지. 우리나라 크기의 200배나 되니 정말 어마어마하지?"

"우와, 대단해요."

"소련엔 수도 모스크바에서 동쪽 끝의 블라디보스토크까지 일주일을 달리는 기차도 있단다."

"일주일이요? 그럼 잠도 기차에서 자고, 밥도 기차에서 먹어요?"

"그럼, 시베리아 횡단 열차라고 부른단다."

"나중에 어른이 되면 꼭 타볼래요!"

"허허, 그러렴. 꼭 타 보거라. 약속!"

어쩌면 어릴 때의 이런 작은 다짐들이 모여 여행가이자 구호활동가인

지금의 한비야를 만들어냈는지 모릅니다.

한비야는 '바람의 딸'이라는 별명으로 우리에게 친근하게 알려져 있습니다. 한비야가 그런 별명을 얻게 된 것은 혼자서 배낭을 메고 세계 곳곳을, 그것도 오지로만 다닌 6년간의 여행과 49일간의 국토종단 때문이었습니다. 어렸을 때 스스로에게 한 약속 가운데 하나를 마침내 이룬 셈이지요.

꿈을 꿈으로만 두지 않으려면 어떻게 해야 할까요? 한비야의 세계 여행은 좋은 습관이 밑바탕이 되었기에 무사히 끝마칠 수 있었습니다. 한비야에게는 매일 일기를 쓰는 시간이 아주 소중했습니다. 하루를 돌아보는 시간을 갖는 것은 사소하지만 매우 중요한 습관입니다. 날마다 자신에 대해 생각하고, 떠오른 생각들을 기록하고, 자신의 꿈을 되새기는 것은 아주 가치 있는 일입니다.

일기를 쓰면 자신이 하루를 어떻게 보냈는지 돌아보고 내일의 계획을 세우게 됩니다. 그 시간을 통해 나는 어떤 사람인지, 어떤 사람이 되고자 하는지, 무엇을 하고 싶어 하는지 서서히 알아가게 되는 것이지요. 덤으로 자기 생각을 글로 잘 표현할 수도 있게도 됩니다. 하루 30분의 일기 쓰기가 한비야를 8권의 책을 쓴 베스트셀러 작가가 되게 했다고 해도 틀린 말이 아닐 것입니다. 그것은 건강해지고 싶은 아이가 매일 30분씩 줄넘기와 팔굽혀펴기를 꾸준히 한다면, 10년 후에 멋진 몸짱이 될 수 있는 것과 같은 이치일 것입니다.

02

세계를 내 손 안에!

밥 먹듯이 해온 지도 찾기 놀이의 영향이었는지 한비야는 중학생, 고등학생이 되어서도 유난히 세계 지리와 역사에 관심이 많았습니다. 아버지가 들려준 세계 곳곳의 많은 이야기들 덕에 점점 더 국제 관계나 문제에 관심이 깊어졌습니다. 그래서 한비야는 대학을 가더라도 전 세계 곳곳을 다닐 수 있는 학문을 전공하고 싶었습니다. 그러나 선생님의 뜻에 따라 자신의 성적이면 '이름만 적어내어도 합격'이라는 대학의 인기학과에 지원하게 되었습니다.

그런데 결과는 불합격, 충격이 이만저만이 아니었습니다. 입시에 떨어진 후 몇 달 동안, 풀이 있는 대로 죽어 있었습니다. 하지만 얼마 지나지 않아 한비야는 그동안 저금했던 돈을 몽땅 찾아 들고, 엄마에게는 마음을 가다듬고 오겠다는 짧은 쪽지 한 장만 남긴 채 훌쩍 제주도로 떠났습니다.

서울에서 목표까지는 완행열차를, 그리고 그곳에서 배를 타고 도착한 제주도는 풍경, 사람들, 바람까지도 모든 것이 새로웠습니다. 아는 사람 한 명 없는 낯선 곳이라 겁도 났습니다. 하지만 타고난 호기심과 붙임성으로 친구도 사귀고 하루하루를 신나게 보낼 수 있었습니다.

어느덧 예정했던 2주일이 지나고 집에 돌아갈 때가 되니 화가 단단히 나 있을 엄마 생각에 걱정이 되었습니다. 하지만 엄마의 꾸지람도 달게 받을 수 있을 만큼 소중한 시간이었습니다. 제주도에서의 고된 시간이 한비야를 더 성숙하고 단단하게 만들어주었다고 믿으니까요. 바다 건너 다녀온 이 짧은 여행은 앞으로 한비야가 숱하게 겪을 길고 긴 여행들의 신호탄이 된 셈이었습니다.

한비야가 대학에 간 것은 그로부터 6년이나 지난 뒤였습니다. 대학에 가기로 결심하게 된 이유는, 우리나라에선 '대학생'이라는 타이틀이 자신의 앞날에 중요하다는 것을 깨달았기 때문입니다.

한비야가 중학생일 때 아버지가 돌아가시면서 집안 형편이 급격히 어려워졌습니다. 한비야와 남동생은 큰아버지에게 학비를 받아 학교에 다닐 수밖에 없었습니다. 큰아버지는 늘 한비야와 가족들을 진심으로 걱정하며 기꺼이 도와주셨지만 한비야는 그게 큰아버지라고 하더라도 공짜로 돈을 받는 것이 너무 싫어 경제적으로 독립하려고 무척 애를 썼습니다. 그 덕에 고등학교를 졸업한 후부터 큰아버지는 물론 다른 가족들에게 단 1원도 도움을 받지 않았습니다.

한비야는 고등학교 때 친하게 지내던 미국 선교사와 다른 지인들에게 영어 번역 아르바이트, 초등학교 아이들의 과외 선생, 클래식 음악다방의

디제이 등을 소개받아 할 수 있는 아르바이트는 다 했습니다. 하지만 '고졸'이라는 이유로 대학생 아르바이트생들의 절반 밖에 안 되는 번역 원고료와 아르바이트 비를 받아야만 했습니다.

"언니, 내가 번역한 원고가 대학생들이 한 것보다 낫다면서요? 그러니 나도 대학생들과 똑같이 값을 쳐주세요."

"그건 곤란해. 출판사에도 나름의 규정이 있어서……."

일의 결과와는 상관없이 단지 대학 졸업장이 없다는 이유로 공정하게 대접받지 못한 것입니다. 대학을 나오지 않아서 받아야 하는 차별이었습니다. 억울했습니다.

'그래, 대학에 가야겠어. 그것도 우리나라에서 최고로 좋은 대학에.'

우리나라 최고 명문대의 영문학과로 목표를 정해 놓고 보니 대학 입시까지는 7개월 밖에 남아있지 않았습니다. 목표를 이루기엔 너무 벅차 보였지만 한비야는 불가능하지 않다, 해볼 만하다고 생각했습니다. 하지만 하고 있던 아르바이트를 단 하나도 그만둘 수 없는 형편이었기에 시간이 절대적으로 부족했습니다.

잠자는 시간도 줄이고 더 집중하기로 했습니다. 음악다방에서는 짧은 신청곡은 무시하고 긴 교향곡만 연달아 몇 곡씩 틀어놓고 시간을 벌어야 했습니다. 세상에 태어나서 처음으로 한 가지 목표에 뜨겁게 몰두했던 순간이었습니다. 그렇게 할 수 있었던 것은 그 목표가 스스로 선택한 것이었기 때문이었습니다. 누가 시키지도, 강요하지도 않은 자신만의 선택이요, 목표요, 의지였기 때문이었습니다.

이렇게 최선을 다하는 모습에 전혀 기대하지 않았던 또 다른 문이 열리게 되었습니다. 한비야가 디제이로 일하던 다방에 들르곤 했던 한 미국인 부부가 도움을 주겠다고 나선 것이었습니다. 위튼 씨 부부는 음악다방에 와서 한비야와 종종 이야기를 나누곤 했습니다. 그 날도 길고 긴 교향곡을 틀어놓고 열심히 문제집을 풀고 있던 한비야에게 부부가 물었습니다.

"비야는 뭘 그렇게 열심히 하고 있니?"

"대학에 들어가려고 공부하는 중이에요. 국립대학에 가야 하는데 들어가기가 무척 어렵거든요."

"왜 꼭 국립대학이야?"

"사립대는 등록금이 비싸서요. 등록금은 제가 벌어야 하거든요."

"그렇구나."

그리고 나서도 위튼 씨 부부는 음악다방에 자주 들렀습니다.

대학 입학 원서를 쓰기 며칠 전, 위튼 씨 부부가 한비야에게 물었습니다.

"비야, 학교는 어디에 지원하기로 했니?"

"지원하려고 했던 국립대요."

"잘 되었으면 좋겠구나. 그런데, 네가 지원한 학교에 떨어지더라도 포기하지 않았으면 해. 도움이 필요하면 우리 부부가 있다는 걸 기억하렴. 그동안 널 쭉 지켜봤는데, 너한테 투자해도 밑지지 않겠다는 자신이 생겼거든. 네 학자금을 돕고 싶구나."

"어머, 아니에요. 말씀은 고맙지만 어떻게든 저 혼자 해보겠습니다."

"그래, 우리는 네가 꼭 해낼 거라고 믿는다."

다행히 성적이 잘 나와 목표한 학교로 진학할 수 있었지만 4년 내내 장학금과 상당액의 생활비를 지원하겠다는 조건을 내건 다른 학교를 선택했습니다. 이유는 간단했습니다. 대학에서만큼은 돈을 벌지 않아도 생활비 걱정 없이 마음껏 공부하고 싶었기 때문입니다.

입시가 끝나고 국립대 대신 4년간 전액 장학금을 주는 대학에 들어가기로 했다고 하자 위튼 씨 부부는 마치 자기 일처럼 기뻐하며 이렇게 말했습니다.

"하하하, 이번 기회는 놓쳤으니 다음 기회는 꼭 잡아야겠다. 혹시 미국에 와서 더 공부하고 싶으면 우리에게 꼭 기회를 다오."

대학을 졸업한 후 위튼 씨 부부의 도움으로 미국 유타대학원으로 유학을 떠나 언론대학원에서 국제홍보학을 공부할 수 있었습니다.

유학에서 돌아온 후, 한비야는 국제적으로 유명한 한 홍보회사의 한국지사에서 일하게 되었습니다. 직장이 생기자 마음속 깊은 곳에 간직하고만 있던 세계 일주 여행에 대해 구체적으로 생각하기 시작했습니다.

여행에 딱 맞는 시기란 것은 없습니다. 여행을 미룰 핑계는 항상 있으니까요. 시간이 있으면 돈이 없고, 돈이 있으면 체력이나 시간이 부족하니까 30대인 그녀가 세계 일주를 계속 미루면 영영 못할 지도 모른다고 생각했습니다. 그래서 회사는 3년만 다니고 그때까지 모은 돈으로 여행을 떠나기로 결심했습니다.

3년이 지난 후, 드디어 한비야는 계획대로 세계 일주의 첫 발을 내딛었습니다. 배낭을 메고 오지만을 찾아서 그리고 온전히 혼자 힘으로.

첫 번째 여행지는 네팔이었습니다. 세계 여행을 가장 힘든 곳에서 시작하고 싶기도 했지만 평소 산이라면 자다가도 벌떡 일어날 정도로 산을 좋아했기 때문입니다. 네팔은 세계에서 가장 높은 열 개의 산 중 여덟 개의 산이 있는 곳이어서 '산들의 고향'으로 불리는 나라입니다. 그녀는 그 높고 웅장한 산 속을 적어도 한 달 동안은 걷고 싶었습니다.

한비야는 어렸을 때부터 아버지를 따라 전국 방방곡곡으로 등산을 다녔습니다. 산에는 그 나이 또래 아이들이 적었기에 어린 한비야는 어딜 가나 눈에 잘 띄었습니다. 어린 아이가 자그마한 발로 날쌔게 콩콩 산에 오르는 모습을 볼 때마다 어른들은 기특해하며 손에 간식도 쥐어주고, 머리도 쓰다듬어 주었습니다.

"아이구, 꼬마가 꼭 산다람쥐처럼 날아다니네. 누구랑 왔니?"

"아빠랑요!"

"아이, 장하다. 이 사탕은 올라가면서 먹으렴."

처음에는 어른들에게 칭찬과 관심을 받는 재미로 등산을 따라다녔는데 자꾸 다니다 보니 등산 자체가 즐거워져서 더욱 잘 다니게 되었습니다.

하지만 네팔 트레킹은 한국에 있는 산을 오르는 것과는 엄청나게 달랐습니다. 가장 무서웠던 것은 고산병이었습니다. 고산병은 높은 곳에 올랐을 때 산소가 부족하여 두통, 호흡 곤란 등을 겪고 심하면 의식을 잃을 수도 있는 위험한 병증입니다.

해발 3,500미터쯤 올라가자 한비야에게도 역시 고산병 증세가 나타났습니다. 머리가 어질어질하고, 토할 것 같고, 온몸에 열이 올랐습니다.

눈이 떠지지 않을 정도로 얼굴까지 퉁퉁 부어올랐습니다. 최대한 빨리 산을 내려가는 것 외에는 달리 나을 방법이 없었습니다.

"비야, 괜찮아요? 증세가 심각하니 산 밑으로 내려가서 쉬어야겠어요. 일단 이것부터 먹어요. 마늘이에요. 고산병에 특효니까 입에 물고 있으면 도움이 될 거예요."

함께 산을 오르던 현지 도우미가 마늘 몇 개를 돌로 찧어 한비야에게 먹였습니다. 도우미는 꼬박 반나절 동안 한비야를 백 미터 정도 옮기고 다시 배낭을 옮기고, 다시 한비야를 업어 옮기기를 반복하며 더 이상 고산병 증세가 느껴지지 않을 정도까지 내려와 반나절을 쉬었습니다.

몸을 추스른 한비야는 그 도우미와 함께 다시 트레킹을 시작했습니다. 이번에는 운이 좋게도 계획했던 트레킹 전 코스를 무사히 마칠 수 있었습니다. 세계 일주의 첫 목표를 이룬 것이 무척 기뻤습니다. 아주 어려운 상황을 한 번 헤쳐 나갔더니 앞으로도 이 정도는 충분히 이겨낼 수 있겠다는 자신감이 생겼습니다. 트레킹을 도와준 현지 도우미에게 고마운 마음에 튼튼하고 좋은 등산화 한 켤레를 사서 선물했습니다.

돌아오는 길에 도우미는 한비야를 자신의 소박한 집에 초대했고 집에 계시던 부모님들이 그녀를 반겨주었습니다. 그들은 맛있는 네팔 음식을 잔뜩 차려주고 여행하는 동안 행운이 함께하길 빌며 네팔 식으로 이마 한가운데 붉은 점을 찍어주었습니다. 모두에게 즐거운 시간이었습니다.

이때의 경험은 여행을 하는 내내 한비야에게 큰 힘이 되었습니다. '나는 이 정도의 일은 너끈히 해내는 사람이구나.'라는 생각을 하면서요.

그뿐만 아니라, 모든 사람은 여행지에서 그 나라의 대표 선수라는 깨달음도 얻었습니다. 한비야도 네팔에서의 좋은 기억으로 네팔 사람만 보면 반가워하며 절로 친절을 베풀게 되었으니까요.

한 번은 집 근처 가게 앞에서 과자를 먹으며 콜라를 마시고 있는 네팔 노동자 두 명을 만난 적이 있었습니다. 반가운 마음에 이런저런 이야기를 나누다가 쥐꼬리만 한 월급 때문에 회사에 나가지 않는 일요일 저녁은 늘 과자와 콜라로 끼니를 때운다는 이야기를 듣고 한비야는 마음이 무척 아팠습니다.

"내가 우리 집에서 맛있는 저녁식사 대접할게요. 특별히 먹고 싶은 것 있어요?"

"달걀프라이를 실컷 먹고 싶어요."

한비야는 그 말에 달걀 한 판을 사 모조리 달걀프라이를 부쳐 대접했습니다. 물론 배고픈 청년들은 "단네밧, 단네밧(고마워요, 고마워요)." 하며 남김없이 싹싹 해치웠습니다.

"그 다음에 뭐하고 싶어요?"

"목욕도 하고 싶어요. 우리 월급으로는 공중목욕탕에 못 가요."

"그럼 우리 조카들이랑 동네 목욕탕에 목욕하러 갔다 와요."

"네? 그런데 왜 우리에게 이렇게 친절을 베풀죠? 우린 이제 겨우 만난 사이잖아요."

"후후, 나도 예전에 네팔에 갔을 때 도움을 받은 적이 있어서 그래요. 그 사람이 내 목숨을 구해주었죠. 그 뒤로 네팔 사람만 보면 잘해주고 싶은 거

있죠?"

그 인연으로 두 청년은 네팔로 돌아갈 때까지 한비야의 가족과 여러 기념일과 명절을 함께 보냈습니다.

그렇습니다. 네팔의 현지 도우미가 한비야에게 베푼 친절이 한비야에게 커다란 고마움으로 남아 그 사랑을 다른 네팔 사람에게 되돌려준 것처럼 여행자 단 한 사람의 작은 행동이 누군가에게는 그 나라의 이미지로 남을 수 있습니다. 그러므로 세계 어디를 가더라도, '내가 한국의 대표선수'라는 것을 기억하는 게 중요합니다.

이때의 경험은 세계 여행을 하는 동안 한비야는 마음속에 꼭꼭 새겨져 있었습니다.

03

걸어서 지구 세 바퀴 반

네팔을 시작으로 아프리카와 중동, 중앙아시아, 중남미를 거쳐 중국과 티베트에 이르기까지 한비야의 여행길은 즐겁게 이어졌습니다. 6년 동안 혼자서 전 세계를 돌아다니는 배낭여행이 언제나 쉬운 것은 아니었습니다. 어려움을 겪기도 하고 걸림돌이나 곤란한 일을 겪었지만 그래도 앞으로 나아갔습니다. '단 1%의 가능성이라도 보인다면 결코 포기하지 않는다'는 대원칙을 가지고 말입니다.

이런 일도 있었습니다. 아프가니스탄의 헤라트에서 투르크메니스탄으로 넘어갈 때 국경 사무소에서 예상치 못했던 일이 벌어졌습니다. 여권을 보여주기만 하면 당연히 통과될 줄 알았는데, 여권을 확인하겠다며 여권을 들고 간 직원이 한 시간이 넘도록 나타나지 않았습니다. 여행자에게는 여권이 생명줄만큼이나 중요한 물건이기 때문에 한비야는 걱정이 태산 같았습니다.

하지만 담당자가 오기를 무작정 기다리는 것밖에 할 수 있는 일이 없었습니다.

그로부터 두 시간이 더 지나서야 달려온 담당자가 서툰 영어로 말했습니다.

"당신의 여권이 가짜인 것 같으니 입국을 불허합니다."

"뭐라고요? 무슨 말도 안 되는 소릴 하고 있어요? 이 여권이 가짜였다면 내가 지금까지 여행을 어떻게 다녔겠어요?"

"여권 번호와 여권 페이지에 적힌 숫자가 다르기도 하고, 당신 사진도 가짜인 것 같네요."

"그건 페이지 번호잖아요! 그리고 사진은 예전에 한국에서 찍은 사진이라 지금과 다를 수 있고요. 난 1년 반째 여행 중이라고요. 안 되겠어요. 영어 잘 하는 사람 불러주세요."

화가 머리끝까지 났지만 그 담당자는 영어를 잘 하지 못했고 한비야는 러시아어를 할 줄 몰랐기 때문에 의사소통이 어려웠습니다. 한비야가 주눅 들지 않고 되레 화를 벌컥 내니 담당자는 본부에 확인을 해봐야겠다며 다시 사무실로 들어갔습니다.

또 한 시간이 지났습니다. 사무실에서 나온 그는 말을 바꾸었습니다.

"진짜 여권이 맞긴 맞네요. 하지만 여긴 아프가니스탄 사람과 투르크메니스탄 사람만 지날 수 있는 곳이에요. 당신 같은 외국인은 이 국경으로 입국할 수 없습니다."

"나는 여기서 하루 종일 기다렸어요! 이제 와서 무슨 말이에요?"

"나로서도 어쩔 수 없어요. 정 투르크메니스탄에 들어오고 싶다면 아프가니스탄으로 다시 돌아가서 비행기를 타고 오세요."

한비야는 억울해서 견딜 수가 없었습니다. 하지만 또 덜컹거리는 지프를 타고 투르크메니스탄 영사를 만나러 다시 아프가니스탄의 헤라트로 돌아갔습니다. 영사가 자신을 도와줄 수 있을지는 확신할 수 없었지만 조금의 가능성이라도 있다면 시도를 해봐야 했기 때문입니다.

다음 날, 너무 이른 아침에 찾아간 터라 문조차 열지 않았지만 한비야는 영사가 출근하기만을 무작정 기다렸습니다. 영사가 출근하자 그를 붙잡고 이렇게 말했습니다.

"저는 아프리카와 중동을 육로로 무사히 지나왔고 이곳을 거쳐 모스크바에 가서 시베리아 횡단 열차를 타고 집에 가려고 해요. 될 수 있는 한 비행기를 타지 않으려고 하는데, 영사님이 제 여권에 '이 사람의 국경 통과를 허락한다'고 적어주시면 안될까요?"

"이렇게 사정하니 써주긴 하겠지만 국경 사무소 직원들 마음이라 그 사람들이 고집을 피우면 제 메모도 별 소용이 없을 거예요."

한비야는 추운 날씨 속에 다시 고물 지프를 빌려 타고 국경 사무소로 갔습니다. 국경 사무소 직원들은 도로 찾아온 한비야를 보고 혀를 내둘렀습니다. 한비야는 담당자에게 영사의 메모를 보여줬습니다. 직원들은 진짜로 영사까지 찾아갈 줄은 몰랐다는 듯 화들짝 놀라 일 처리에 분주해졌습니다. 잠시 후, 어제 그녀의 입국을 불허했던 담당자가 금니를 드러내고 웃으며 말했습니다.

"투르크메니스탄에 오신 것을 환영해요."

한비야는 그의 서툰 영어에 자신이 알고 있는 유일한 러시아어로 웃으며
답했습니다.

"스파시바(고마워요)."

이런저런 어려움 말고도 살림살이가 다 들어 몹시 무거운 배낭을 메고
다닌 6년여의 여정은 결코 쉽지만은 않았습니다. 하지만 소중한 인연들을
수없이 만났고, 고마운 일로 가득했습니다.

페루의 아만타니 섬에 갔을 때의 일입니다. 남미에서 가장 넓은
티티카카 호수를 건너 아만타니 섬에 닿았습니다. 민박을 하기로 한 집에선
할머니가 손녀들과 함께 살고 있었습니다. 말은 통하지 않았지만 따뜻하고
정겨운 곳이었습니다. 민박집에 도착하자 할머니의 손녀들이 다정하게
반겨주었습니다. 할머니와 손녀들까지 연기로 자욱한 민박집 부엌에 둥그렇게
둘러앉았습니다. 한비야는 어린 손녀들의 긴 머리를 보고 좋은 생각이 나서
아이들에게 물었습니다.

"얘들아, 내가 머리 땋아줄까?"

"그게 뭔데요?"

"언니가 사는 나라에서 머리 긴 여자들이 하는, 머리 묶는 방법이야.
너희들도 그렇게 하면 예쁠 거 같아."

대여섯 살쯤 된 막내를 앉히고 양 갈래로 머리를 땋기 시작했습니다.
부스스하던 머리가 금세 인형같이 귀엽고 단정해졌습니다. 다른 아이도
한비야에게 졸랐습니다.

"우와, 정말 예뻐요. 나도 해줄 수 있어요?"

"그럼, 너는 한국의 옛날 여인들이 하던 머리로 해줄게."

아이 머리카락을 손가락으로 곱게 빗질해 뒤로 돌려 하나로 땋아주었습니다. 아이는 해맑게 웃으며 좋아했습니다. 아이들은 할머니 손도 잡아 끌었습니다.

"할머니, 할머니도 머리 해달라고 하세요."

"아이구, 난 됐어."

쑥스러우신지 고개를 절레절레 저으시는 할머니를 한비야도 같이 잡아 끌었습니다.

"할머니도 머리 땋으면 고우실 거예요. 제가 해드릴게요."

할머니도 웃으시며 한비야의 손에 머리를 맡겼고, 한비야는 민박집 할머니의 머리를 우리네 할머니들 머리처럼 깔끔하게 쪽쪘습니다. 집안의 모든 여자들이 머리를 단장했습니다. 할머니는 수줍게 웃으시며 머리를 살펴보시는 게 마음에 드신 모양이었습니다. 한비야와 민박집 식구들은 머리를 매만져주며 더 친해졌습니다.

다음 날, 한비야가 일정에 맞춰 섬을 떠나려고 하자 할머니가 다가와 말씀하셨습니다.

"비야, 만나서 반가웠어요. 남은 여행도 건강히 잘 마치도록 기도할게요. 손 좀 줘 봐요. 줄 게 있어요."

할머니는 한비야의 손목에 색실로 만든 예쁜 팔찌를 채워주었습니다. 마을 사람들이 직접 만들어 관광객에게 팔곤 하는 그 팔찌였습니다.

"어머, 정말 예뻐요! 팔찌 값은 얼마인가요?"

"돈은 무슨, 이건 우리 선물이에요!"

"아니에요, 아이들을 돌보시려면 돈이 필요하시잖아요?"

비야가 깜짝 놀라며 말했습니다. 그러자 큰손녀가 활짝 웃으며 대답했습니다.

"제발 받아주세요. 이건 우리 마음의 선물이에요."

작은 선물 하나로 마음에 행복이 가득 찬 한비야는 그 팔찌가 다 해질 때까지 차고 다녔습니다.

세상에서 가장 아름다운 호수라는, 과테말라의 '아티틀란' 호수를 보러 갔을 때였습니다. 조용한 호수 주변의 산 페드로 마을에 묵으려고 배를 탔습니다. 배 안에서 만난 아저씨와 이런저런 얘기를 나누다 진짜 마을 생활을 겪어보고 싶어 아저씨 집에 머물 수 있는지 물었습니다. 아저씨는 물론 대환영이라며 반겼습니다.

집에 도착하자 그의 아내와 아이들은 외국 사람이 집에 온 것을 매우 신기해했습니다. 축구를 좋아하는 아이들과 월드컵 얘기를 함께 나누기도 했고, 온 동네 사람들에게 한국식 볶음밥을 만들어 한 접시씩 나누어 먹기도 했습니다. 그러자 저마다 옥수수 죽이나 단팥소 등을 조금씩 들고 와 나누어 주었습니다. 함께 요리해 먹으면서 한비야와 마을의 모든 사람들은 좋은 친구가 되었습니다.

과테말라는 커피로 유명한 곳입니다. 커피 수확 철에는 돈을 좀 벌 수 있었지만 그들이 버는 정도로는 근근이 연명하는 정도였습니다. 한비야는 아저씨와 얘기를 나누다 어려운 집안 경제 사정에 대해 알게 되었습니다.

아이들의 교육비를 부담스러워하는 그들에게 무언가 도움이 되고 싶었습니다. 하지만 아저씨는 펄쩍 뛰며 한비야의 도움을 거절했습니다.

"정말 고맙지만 마음만 받을게요."

한비야는 어떻게든 도움을 주고 싶어 곰곰이 생각해 보았습니다. 그때 마침 부인의 허리띠를 보고 좋은 생각이 떠올랐습니다.

"어머! 그 허리띠 무척 예쁜데요? 마을의 전통의상인가 보죠?"

"네, 사서 쓰면 비싸니까 대부분 이렇게 손으로 만들어서 쓴답니다."

"나도 하나 갖고 싶네요. 우리 언니가 허리띠 모으는 취미가 있거든요. 선물하면 무척 좋아할 것 같아요. 나에게 하나만 팔면 안 돼요?"

"특별할 거 없는 건데요, 집에서 만든 거라 가격 매기기도 뭐한데……"

"괜찮아요! 나는 가격을 모르니까 그냥 내가 주는 대로 받아요."

한비야는 곤란해 하는 부인에게 무작정 돈을 쥐어주었습니다. 귀여운 아이들의 교육비로 알차게 쓰이면 좋겠다고 생각했습니다.

마침내 산 페드로 마을을 떠나는 날, 한비야를 무척 잘 따랐던 막내가 한비야의 옷섶을 잡으며 말했습니다.

"비야, 다음 주 일요일에 가면 안돼요?"

어린 막내에게 다음 주 일요일은 절대 오지 않는 먼 미래를 가리키는 말이었습니다. 한비야는 풀이 죽은 막내를 꼭 안아주며 말했습니다.

"다음 주 일요일에 꼭 다시 올게. 약속!"

긴 여행을 거치며 가슴 따뜻해지는 훈훈한 일도 많았지만, 생사를 넘나드는 고비도 수두룩하게 넘기고, 위험천만하고 아찔한 상황도 많이 겪어야 했습니다. 선입견과 편견 없이 다른 문화를 존중하면서도 어딘가에 도사리고 있을지 모를 위험도 잘 알아야 합니다. 그래서 무엇보다 '안전수칙을 잘 지킨다'와 '내 몸은 내가 지킨다'는 단단한 마음가짐이 중요합니다. 홀로 여행을 다니는 사람에게 정말 무서운 것은 바깥으로부터 오는 위험이 아니라 나약해지기 쉬운 자기 자신의 마음입니다. 위험한 상황에 빠지더라도 마음을 굳게 먹고 침착하게 행동해야 합니다.

한비야는 이것을 인도의 캘커타에서 혹독하게 배웠습니다.

한비야는 숙소가 시내 중심가라고 방심한 탓에 너무 멀리 나와 돌아다니다가 그만 길을 잃고 말았습니다. 어쩔 수 없이 릭샤(인력거처럼 생긴 교통수단)를 타기로 했습니다. 숙소 근처에서 길을 잃었기 때문에 금방 돌아갈 줄 알았는데 릭샤꾼은 한참 동안이나 돌더니 어디론가를 향해 달리기 시작했습니다. 릭샤가 시내 중심가에서 점점 멀어져 골목 쪽으로 빠지기 시작하더니 친구라며 남자 하나를 더 태우는 것이었습니다. 겁이 덜컥 났습니다.

"아저씨, 이 길이 아닌 것 같은데요. 어디로 가고 있는 거죠?"

"이 길이 맞아요. 지름길로 가는 거예요."

"빨리 갈 필요 없으니 큰길로만 가주세요!"

무서웠지만 만만하게 보이지 않으려고 아무렇지 않은 듯 행동했습니다. 릭샤꾼이 어두운 골목으로 접어들 무렵 힘껏 고함을 쳤습니다.

"내 말 안 들려요? 당장 큰길로 나가라고요!"

짐짓 못 들은 척하는 릭샤꾼의 등을 배낭으로 힘껏 후려친 뒤에

릭샤에서 풀쩍 뛰어 내렸습니다. 큰길로 빠져 나온 한비야는 그곳을 지나던 차 앞으로 뛰어들 듯 다가가 도움을 청했습니다. 천만다행으로 차가 멈춰 섰고 그 차를 타고 무사히 숙소로 돌아올 수 있었습니다. 한비야가 겪은 일을 들은 숙소 주인이 큰 눈을 굴리며 고개를 절레절레 저으며 말했습니다.

"손님, 정말 큰일 날 뻔했어요. 거긴 최근에도 몇 사람이 다치거나 죽어나갔다는 무서운 골목이랍니다. 다신 그 근처에 얼씬도 마세요."

한비야는 그 말을 듣고 가슴을 쓸어내렸습니다. 그리고 여행 중에 꼭 지켜야 하는 것과 지키지 않아도 괜찮은 것이 있다는 것을 다시 한 번 깨달았습니다. 특별히 대도시에서 안전하게 여행을 하기 위해 지켜야 하는 철칙 중 하나는 '해가 지면 낯선 곳은 절대 돌아다니지 말라'는 것이었습니다.

04

우리나라를 처음부터 끝까지 한 발짝씩 걸어볼까?

6년여에 걸친 세계 일주 여행의 종착지는 티베트였습니다. 그곳에서 한비야는 한 여행자를 만났습니다.

"안녕하세요? 어느 나라에서 왔어요? 난 미국에서 왔어요."

"안녕하세요? 저는 한비야라고 합니다. 한국에서 왔어요."

"한국이라고요? 내 친척이 한국의 임실이라는 곳에서 일한 적이 있어요. 친척에게 재미있는 이야기를 많이 들어서 나도 꼭 한 번 임실에 가보고 싶다고 생각했는데……. 티베트에서 한국 사람을 만나다니 반가워요!"

"임실이라구요?"

한비야는 갸우뚱거리며 혼잣말로 중얼거렸습니다. 잠시 생각했지만 어딘지 정확히 떠오르지 않았습니다. 그리고 생각했습니다.

'아, 세계가 좁다 하고 돌아다닌 내가 정작 우리나라의 도시가 어디

붙어 있는지도 모르다니. 그래, 세계 일주가 끝나고 돌아가면 우리나라도 쭉 돌아봐야겠다. 마라톤 선수가 마지막으로 주경기장을 한 바퀴 돌듯이.'

귀국 후 시작한 49일 간의 국토 종단은 이렇게 시작되었습니다. 한 발짝 한 발짝 바늘땀을 뜨듯 전라남도 해남 땅끝마을부터 강원도 통일전망대까지 한 줄로 걸어보기로 했습니다. 우리나라를 종단하는 여행이지만 세계 오지 여행을 시작할 때와 똑같이 가슴이 두근거렸습니다.

우리나라 땅을 두 발로 걸으며 한비야는 많은 생각을 했습니다. 우리 땅의 아름다움을 곁에 두고도 미처 알지 못했다는 것에 부끄러움을 느꼈고 우리나라 사람들의 푸근한 인심에도 감동했습니다. 공짜로 재워주고 먹여준 친절한 할머니들은 얼마나 많았는지, 그러고도 더 머물다 가라고 붙잡던 모습이 지금도 눈에 선합니다. 그리고 한 사람이 얼마나 빠르게 걸을 수 있는지도 알게 되었습니다.

여행 첫 날 만났던 전라도 할머니들이 걱정하며 말씀하셨습니다.

"강원도꺼정 걸어서? 오메 징한 거. 질대로 못 간당게."

하지만 49일 동안 작은 발로 한 발짝씩 걸어 마침내 우리 땅을 처음부터 끝까지 걸었습니다. 한비야는 이 경험을 통해 '한 걸음의 힘'을 깨닫게 되었습니다. 도저히 해낼 수 없는 일처럼 보여도 처음 마음만 변하지 않고 한 걸음씩 걷다 보면 반드시 목적지에 도착하게 된다는 것입니다. 무언가를 이루고 싶다면, 내일도 모레도 아닌 바로 지금, 날아서 뛰어서도 아닌 한 번에 한 걸음씩 목표를 향해 걷는 것, 그것이 국토 종단이 한비야에게 준 커다란 가르침이었습니다. 그 후, 무슨 일을 할 때든지 이 '한 걸음의 힘'을 떠올리며 힘을 내곤 했습니다.

　　국내 도보 여행을 마치자마자 한비야는 또 다른 새로운 도전으로 마음이 들떴습니다. 이번에는 중국어를 배우기로 한 것입니다. 어릴 때부터 세계를 누비며 일을 하려면 적어도 5개 국어 정도는 해야 하지 않을까 생각해왔습니다. 중국을 여행하는 8개월 동안 엉터리 중국어를 쓰면서 그중에 하나로 꼭 중국어를 공부하겠다고 마음 먹었습니다. 다행히 중학교, 고등학교를 다닐 때 한문을 좋아했기 때문에 한자를 많이 알고 있어서 더 쉽게 익힐 수 있을 것이라고 생각했습니다. 게다가 중국 문화를 배우다 보면 같은 한자문화권으로서 우리 문화의 원류를 알 수 있을 것이라는 기대도 있었습니다. 중국어를 좋아한 것이 물론 공부를 결심한 가장 큰 이유지만 앞으로는 미국과 중국, 양국이 세계를 주도할 테니, 중국어 능력까지 갖추면 더 큰 역할을 할 수 있을 것이라고도 생각했습니다.

　　1년 계획으로 중국에 도착한 첫 날, 숙소를 잡는 것부터 학교에 등록하는 것까지 한비야가 계획한 대로 된 것은 하나도 없었습니다. 몇 군데를 돌고 돌아 간신히 학교 근처에 숙소를 잡고, 학교가 아닌 학원에 등록해 공부를 시작했습니다.

　　같이 공부하는 학생들은 대부분 20대였습니다. 마흔 하나의 나이로 어린 아이들과 함께 공부하는 것이 쉽지만은 않았습니다. 주변 사람들로부터 늦깎이로 공부하는 게 얼마나 힘드냐는 질문도 많이 받았습니다.

　　"아휴, 공부하기 힘드시죠?"

　　"물론 쉽지 않죠. 그래도 얼마나 재미있는데요. 나이 덕분에 수업시간에

질문하고 말을 많이 하는 게 창피하지도 않고요. 가끔 친절한 학생들이
자진해서 커피를 사다 주기도 하고요. 선생님으로 오해 받아 인사를 받는
경우도 있답니다."

　　말은 이렇게 했지만 힘들 때도 적지 않았습니다. 외우기가 잘 되지
않아 보고 또 보고, 읽고 또 읽고, 쓰고 또 써야 했습니다. 노안이 오기
시작해서인지 사전의 작은 글자가 잘 보이지 않는 것도 괴로웠습니다. 하지만
늦깎이로 공부하는 것이 정말 좋았습니다. 정말로 간절히 하고 싶은 것이었고
스스로 선택한 것이었으니까요. 다들 너무 늦었다고들 했지만 한비야는 오히려
가장 적당한 때라고 생각했습니다.

　　세상에는 일반적인 인생의 속도와 일정표가 있습니다. 젊을 땐 공부를
하고, 어느 정도 나이가 들면 결혼을 하고, 직장을 다니며 돈을 벌고, 아이도
낳아 키우고, 노후는 어떻게 보내야 한다는 보통의 시간표가 있습니다.
대부분의 사람들은 이 보편적인 시간표와 자기의 시간표를 비교하며
불안해하고 초조해합니다. 그런데, 우리의 인생에서 이 표준적인 시간표가
정말 그렇게 중요할까요? 한비야는 자기 자신만의 주관적이고 개인적인
시간표가 더 중요하다고 생각했습니다.

　　한비야는 가을에 피는 국화가 봄에 피는 개나리를 시샘하지 않듯,
사람도 제 각각의 속도와 시간표가 있는 것이라고 생각했습니다. 아무도
국화를 보고 늦깎이 꽃이라고 부르지 않는 것처럼, 사람도 마찬가지입니다.
저마다의 속도와 시간표가 다른데, 우리가 다른 사람들에 비해 뒤처졌다고
낙담할 필요는 없겠지요. 누구에게나 활짝 피어 빛나는, 그들만의 때가 옵니다.

잘 준비하고 있다가 그런 때가 왔을 때 더 활짝, 더 아름답게 피어나면 되는 것입니다. 한비야는 이 단순한 진실을 굳게 믿고 있습니다.

많은 사람들이 그녀를 부러워하며 이렇게 말하곤 했습니다.

"너는 정말 하고 싶은 일을 다 하며 사는구나? 난 그러고 싶어도 시간이 없어서 못 하는데……."

그러나 그녀가 정말 하고 싶었음에도 하지 못한 것들도 많이 있습니다. 그녀에게도 다른 사람과 똑같이 시간과 기운이 한정되어 있으니까요. 그런 말을 들을 때마다 한비야는 이런 이야기를 떠올리곤 했습니다.

돌, 자갈, 모래로 항아리를 채우려 하는데, 모래부터 채워 넣으면 안 되지요. 나중에 자갈과 돌이 들어갈 자리가 남지 않게 되니까요. 하지만 돌부터 넣고 그 다음 자갈을 넣고, 마지막으로 모래를 넣게 되면 항아리의 빈 곳이 없이 틈틈이 채워지며 세 가지를 다 넣을 수 있게 됩니다.

삶도 마찬가지입니다. 우선순위를 정해야 합니다. 중요한 일을 먼저 하고, 덜 중요한 일은 나중에 하면 됩니다. 그리고 정말 하고 싶은 일에 자기가 가진 힘과 시간을 모두 집중하는 것입니다. 이렇게 하다 보면 많은 것을 놓치기도 할 것입니다. 그러면 어떻습니까? 자기 인생에서 가장 중요한 일을 하고 있을 텐데요. 한비야가 돈이 많거나 능력이 출중해서 세계 여행을 다니거나 유학을 떠난 것이 아닙니다. 한비야는 우선순위를 정해 계획을 잘 세운 것뿐입니다. 내가 정말 하고 싶은 일은 무엇인가, 그렇게 하려면 무엇을, 어떻게 해야 하는가를 정리하고 준비해서 실천에 옮긴 것뿐입니다.

05.

구호팀장이 되어 주시겠습니까?

　　중국에 다녀온 후 한비야는 본격적으로 새 꿈을 준비하기
시작했습니다. 세계를 돌며 필요한 곳에 도움을 주는 구호활동가가 되는
것이었습니다. 한비야를 그 꿈으로 이끈 것은 세계 여행 중에 만난 난민촌의
아이들이었습니다.

　　동부 아프리카의 한 난민촌에서 겪은 일입니다. 내전과 극심한 재난으로
가족이 뿔뿔이 흩어진 난민촌의 아이들은 이방인인 한비야를 전혀 낯설어하지
않았습니다. 동양인을 처음 본 아이들은 그저 한비야의 모습을 신기해하며
하루 종일 졸졸 따라다녔습니다. 한비야도 귀여운 아이들이 좋아서 친하게
지내게 되었습니다. 그 중 유난히 잘 웃는 아이가 여럿 있었습니다. 아이들은
사진을 찍으려고 할 때마다 수줍은지 혀를 쏙 내밀곤 했습니다.

　　"아이코, 웃을 때마다 분홍색 혀를 쏙 내미는 게 귀엽구나. 앞으로

너희를 핑크보이라고 부를게. 넌 핑크보이 원, 넌 핑크보이 투, 넌 핑크보이 쓰리…"

"헤헤, 핑크보이? 좋아요."

그러던 어느 날 한비야는 비자를 연장해야 해서 며칠 마을을 떠나 도시에 다녀왔습니다. 마을에 다시 돌아왔는데, 이상한 느낌이 들었습니다. 아이들이 진작에 달려왔을 텐데 너무나도 조용했습니다.

"핑크보이, 모두 어디 있니? 요 녀석들, 또 어디 숨었어?"

숨바꼭질 장난인 줄 알고 아이들을 한참 찾아 헤매던 한비야를 붙잡고 한 주민이 말했습니다.

"그 아이들, 이젠 당신과 놀 수 없어요. 이 마을 아이들의 반 이상이 아파 누워 있고, 몇몇 아이들은 이미 죽었어요."

"……뭐라고요?"

한비야는 심한 충격에 빠졌습니다. 아이들은 고열에 시달리다 탈수증으로 죽어 갔습니다. 그 당시 가격으로 1,000원도 안 하는 링거 한 병이면 살릴 수 있었는데, 그것이 없어 아이들은 하늘나라로 가 버린 것입니다. 난민촌에서는 이런 일들이 비일비재했습니다.

무엇보다도 한비야가 구호활동가가 되기로 결심한 것은 아프가니스탄 헤라트의 한 난민촌에서 만난 소녀 때문이었습니다. 한비야는 그곳의 아이들에게 태권도도 알려주고 삼색 볼펜으로 손에 꽃반지나 시계를 그려주며 재미있게 놀았습니다. 그런데, 손목시계를 그려준 한 아이가 서둘러 집에 갔다가 돌아왔습니다. 왼쪽 다리와 오른쪽 팔이 없어 목발을 짚은 여자

아이였습니다. 아프가니스탄에 몇 백만 개나 묻혀 있는 지뢰를 밟은 듯
했습니다. 아이는 수줍게 웃으며 '친구' 한비야에게 집에서 가져온 빵 하나를
내밀었습니다. 순간 멈칫했습니다.

　　'내가 이 빵을 받아먹으면 이 아인 한동안 먹을 게 없을 텐데……. 하지만
호의를 거절하면 아이가 마음에 상처를 받겠지?'

　　잠시 고민하다 아이의 손에서 빵을 받아 입에 물었습니다. 아이는
함박웃음을 지었고, 곁에서 한비야가 어떻게 할지 지켜보던 다른 아이들도
어깨를 들썩이며 크게 웃었습니다. 모두들 즐거워했습니다. 아이들의 해맑고
순수한 모습에 난민촌의 이 아이들을 돌보기 위해서라면 무엇이든 하겠다고
결심했습니다.

　　'어쩌면 내가 국제 홍보를 전공한 것, 수많은 나라를 여행한 것이 모두
구호활동을 하기 위한 것이었는지도 몰라.'

　　그 아이들 말고도 여행길에서 마주쳤던 수많은 아이들이 떠올랐습니다.
극심한 가난에 지쳐 강도짓을 하며 연명하는 페루 아이들, 먹을 것이 없어
쓰레기통을 뒤져 썩은 망고를 찾아 주워 먹던 방글라데시 아이들, 반군들에게
잔인한 학대와 폭행에 시달리는 난민 아이들, 그것도 모자라 강제로 소년병이
되어야 했던 아이들까지. 이 모든 장면과 소리들이 여행하는 동안 한비야의
마음에 서서히 스며들었습니다. 그 아이들 모두의 얼굴, 웃음, 눈물 하나하나가
한비야가 앞으로 무엇을 해야 할지 선명하게 알려주는 듯했습니다.

　　여행자로서 한비야는 차츰 자신이 도울 수 있는 작은 일들을 찾기
시작했습니다. 먹을 것을 나눠주거나 아이들과 재미있게 놀아주고, 며칠 동안

영어를 가르치는 것 정도가 할 수 있는 일의 전부였지만 그 사소한 도움으로도 난민촌 아이들에겐 큰 도움과 기쁨이 될 수 있다는 것을 알게 되었습니다. 그러는 동안 언젠가 이들을 체계적으로 돕는 일을 해야겠다는 결심이 가슴 속에 굳게 자리 잡게 되었습니다.

중국 유학이 끝나갈 때쯤 한비야에게 구호활동가로 일할 기회가 찾아왔습니다. 어느 날 한비야는 한 통의 전화를 받았습니다.

"한비야 님이십니까?"

"네, 제가 한비야입니다."

"안녕하세요? 저는 월드비전의 오재식 회장이라고 합니다."

"월드비전이요? 아니, 무슨 일로 제게 다 전화를……."

"제안을 하나 드리려고 전화했습니다. 신문에서 구호활동에 큰 관심을 가지고 있으시다는 인터뷰 내용을 보았습니다. 저희는 도움이 필요한 지구촌의 난민들을 위해 국제적인 구호 및 개발 사업을 펼치는 민간구호단체입니다. 한비야 님이 긴급구호팀장으로 오셔서 함께 구호활동을 펼쳐나갔으면 하는데요."

오래 전부터 구호 활동을 하고 싶다고 생각해왔던 한비야는 이 전화를 받고 뛸 듯이 기뻤습니다. 회장님의 제안은 무척 감격적이었습니다. 하지만 덥석 그 제안을 받아들이지는 않았습니다. 스스로가 구호팀장으로 일할 만한 자격이 될지 진지하게 생각해보고 싶었기 때문입니다. 한비야는 마음을 정하기 전에 월드비전 회장님께 현장을 둘러볼 기회를 부탁했습니다. 요청이 받아들여져 한비야는 15일 동안 케냐와 캄보디아 등을 돌아보며 구호조직이 어떻게 일하는지 살펴볼 수 있었습니다. 두 곳의 현실은 예상보다 훨씬 참담했습니다.

몇 년씩 비가 오지 않는 일이 흔한 케냐에서는 물이 부족해 많은 사람들이 고통 속에 놓여 있었습니다. 기르던 가축들은 오래 전에 말라 죽었고, 가축이 없으니 식량을 얻을 수도 없었습니다. 먹을 물도 부족하니 몸을 씻을 수 없어 많은 사람들이 질병에 시달리고 있었습니다. 지저분한 손으로 눈을 비벼 눈병에 걸리는 일도 허다했습니다. 물론 치료받을 길이 없으니 대부분 그대로 장님이 됩니다. 한 바가지의 물이 없어, 한 통의 약이 없어 고통스러워하는 세계의 많은 이들을 돕는 데 자신의 힘을 보태겠다는 결심이 더욱 굳어져 갔습니다.

때가 무르익었습니다. 한비야는 드디어 긴급구호팀장이 되었습니다. 하지만 이런 변화를 일으킨 특별한 힘이나 극적인 사건이 있었던 것은 아닙니다. '바람의 딸'로서 자연스러운 변화였죠. 그녀는 자신의 원칙과 좋은 습관을 엄격히 지키는 사람이었지만 무엇보다 자신의 마음을 따르는 사람이었으니까요.

06.

지도 밖으로 행군하라

2001년 10월, 드디어 한비야는 월드비전의 긴급구호팀장이 되었습니다. 긴급구호팀장으로서 가게 될 첫 번째 장소는 아프가니스탄의 헤라트였습니다. 헤라트는 흥미롭게도 지난 날 구호활동가의 꿈을 품게 했던 바로 그 장소였습니다.

여행가로서는 노련한 한비야였지만 구호업무라는 새로운 일을 맡게 되어 배워야 할 것이 많았습니다. 구호활동가들은 일반 여행자와는 달리 위험한 곳만 다녀야 하기 때문에 팀의 수칙과 규정을 철저하게 지켜야 합니다. 사소한 실수가 큰 사고로 번질 수 있기 때문입니다. 그래서 기초부터 차근차근 세심하게 배워나갔습니다.

한비야 역시 엄격한 교육과 훈련을 받은 뒤에야 구호활동을 시작할 수 있었습니다. 꼭 지켜야 할 수칙 중 하나는 '목숨이 가장 중요하다'는 것입니다.

강도를 만났을 땐 무조건 요구하는 바를 전부 들어주어야 합니다. '지속적으로 본부와 연락을 주고받아야 한다'는 것도 중요한 규칙이었습니다. 서로의 안전을 수시로 확인하고 모든 상황을 시시각각 알고 있어야 하기 때문입니다. 무전기를 꺼 놓는다든가, 정해진 시간에 연락을 하지 않는 등의 행동은 절대 금물입니다.

규칙을 단단히 숙지하고 따랐지만 얼마 지나지 않아 사단이 나고 말았습니다. 필요한 물건을 사기 위해 현지 직원과 함께 시내로 나간 것이 화근이었습니다. 모처럼의 외출에 들떠 30분마다 반드시 본부와 교신을 해야 하는데 까맣게 잊고 있었던 것입니다. 두 시간 동안이나 연락이 되지 않자 당연히 본부는 발칵 뒤집어졌고, 본부로 돌아온 한비야는 팀장님에게 대차게 혼이 나고 말았습니다. 된통 혼난 한비야는 그저 죄송하다, 앞으로 다시는 그런 일이 없도록 주의하겠다는 말만 되풀이할 수밖에 없었습니다.

구호활동을 하면서 힘들었던 것 중 하나는 구호활동을 할 마을을 정하는 일이었습니다. 절박하게 도움이 필요한 곳은 많지만 전부 갈 수는 없기 때문입니다. 마음 같아서야 모든 사람들에게 도움을 주고 싶지만 현실적으로 구호자금과 구호팀은 한정되어 있기 때문에 어디를 갈지, 무엇을 할지도 그에 따라 결정되지요.

한비야의 구호팀이 가게 된 곳은 깊은 산중에 있는 '쿠차마을'이라는 곳이었습니다. 구호팀은 아주 좁은 길을 따라 오랜 시간 걸어 들어갔습니다. 거기서 겨우 여덟 살이 되었을까 말까 한 어린 소녀를 만났습니다. 어린 소녀는 길가에 쪼그려 앉은 채로 풀을 뜯어 먹고 있었습니다. 소녀의 손을 잡고 집으로 갔더니 가족들이 모두 영양실조 상태로 누워 있었고 갓난아기는 기침과 설사에 시달리고 있었습니다.

소녀의 집뿐만이 아니었습니다. 마을의 대부분이 일주일 내로 식량을 구하지 못하면 굶어 죽을 수준의 심각한 상태였습니다. 구호팀은 할 말을 잃었습니다. 한비야와 구호팀은 심각한 상태의 갓난아이들을 직접 치료급식소로 데려가 응급 진료를 받게 했습니다. 아이 엄마의 밝은 얼굴은 우리에게 이렇게 말하는 듯했습니다.

"우리 아이 목숨을 구해주셔서 정말 감사합니다!"

좀 더 깊은 마을로 들어가니 상황은 더욱 나빴습니다. 사이드라는 아이는 당장이라도 숨이 넘어갈 지경이었습니다. 황급히 사이드를 안고 진료소로 들어가자 진료팀은 곧바로 아이의 상태를 확인했습니다. 한비야가 의사에게 걱정스레 사이드의 상태를 물었습니다.

"비야씨, 이 아이는 솔직히 가망이 없네요. 영양부족도 문제지만 워낙 못 먹어서 기력이 하나도 안 남아 있어요."

"그래도 최대한 돌봐주세요. 목숨이 붙어 있는 한 할 수 있는 건 다 해봐야 하지 않겠어요?"

"물론이죠. 우린 사이드가 건강하게 살아날 거라는 믿음을 갖고 최선을 다할 것입니다."

한비야는 고통스러워하는 난민촌의 아이들을 보며 하루에 열두 번도 더 울컥했습니다. 언제나 긍정적이고 유쾌한 한비야였지만 사이드처럼 죽음의 문턱에 서 있는 아이들을 볼 때마다 마음이 우울하고 슬펐습니다.

하지만 그들을 조금이라도 기쁘게 하려고 언제나 웃으며 무진 애를 썼습니다. 사이드는 워낙 기운이 없어 자주 의식을 잃었습니다. 아이를 살리려면 두 시간 간격으로 영양죽을 계속 먹여야 한다기에 자꾸 잠들려는 아이를 깨워 영양죽을 먹였습니다.

"사이드, 잠들면 안 돼! 한 입만 더 먹자. 옳지. 기운 내라, 아가야."

"자, 입 벌려봐. 이 영양죽이 너를 살릴 거야. 애, 조금만 더 힘을 내봐."

그렇게 시간은 흘렀지만 안타깝게도 사이드의 상태는 나아지지 않았습니다.

그러던 어느 날, 그 날도 사이드의 목을 받치고 조심조심 죽을 떠 넣어주고 있었습니다. 한 숟갈, 두 숟갈, 세 숟갈, 그렇게 죽을 받아먹던 사이드가 어느 순간 목을 똑바로 가누더니 한비야와 정확히 눈을 맞추기 시작했습니다. 점점 나아지고 있다는 회복의 조짐이었습니다. 한비야는 그 눈빛이 너무나 반가워 저도 모르게 함박웃음을 지었습니다. 그 때였습니다. 사이드가 살며시 입꼬리를 올려 미소를 지어보이는 게 아니겠어요. 정말 감격스러운 순간이었습니다. 한비야는 벅찬 마음으로 사이드를 꼭 안고 기도했습니다.

'오~ 신이시여, 감사합니다. 감사합니다. 사이드, ……살아줘서 고마워. 정말 고마워.'

구호팀이 가는 곳은 전쟁이나 지진, 홍수 같은 재해로 하나같이 참혹한 현장이었습니다. 하지만 끔찍한 폐허 속에서도 구호팀은 희망을 발견하고, 사람들과 우정을 나누었습니다.

이라크 북부 모술 지역에 마실 물을 공급하는 프로젝트를 할 때였습니다. 전쟁 후 주민들은 깨끗한 물을 마실 수 없었습니다. 한비야는 식수 위생 프로그램의 총괄책임자로 가게 되었습니다. 한낮의 기온이 50도가 넘는 끔찍한 더위에도 모술의 주민들은 마실 물이 없어 발만 동동 굴러야 했습니다. 이 지역 어린이의 70%는 더러운 물을 마셔 병에 걸렸습니다. 학교에 식수대는커녕 화장실조차 없어 아이들은 급한 볼일도 종일 참을 수밖에 없었습니다.

한비야는 우선 학교에 식수대와 화장실 만드는 일을 시작했습니다. 일단 백여 명의 현지 직원을 채용해 이 시설들을 설치할 학교를 물색하는 일이 먼저였습니다. 한비야는 전체 팀 회의에서 이렇게 말하며 프로젝트의 시작을 알렸습니다.

"우리는 단순히 식수대를 만드는 사람들이 아닙니다. 이 물은 생명이자 사랑입니다. 우리는 물과 함께 사랑을 나누는 사람입니다. 이 사랑의 사명에 함께해 주어 감사합니다. 저 역시 여러분을 사랑합니다."

그 다음으로 해야 할 일은 공사를 맡을 업체를 정하고 공사를 시작한 뒤 관리를 하는 것이었습니다. 구호팀의 일을 처음 접해본 마을 주민들은 의심과 회의의 눈초리로 지켜보았습니다. 심지어 이들 구호팀이 미군에 속해 있다고 생각하는 이들도 있었습니다.

그 와중에도 한비야에게 활력소가 되어준 사람은 열 살짜리 꼬마 베스마였습니다. 베스마는 구호팀이 공사를 진행하는 학교 수위의 딸이었습니다. 그녀 가족은 학교 정문 옆의 작은 집에서 살고 있었습니다.

공사 첫 날, 뙤약볕에서 목말라하는 한비야를 위해 물을 떠다 준 뒤
친해지게 되었습니다. 한비야도 그 물이 깨끗하지 않은 물이란 걸 알았지만
남김없이 모두 마셨습니다. 베스마는 자신이 준 물을 마시는 한비야를 보고
기뻐했습니다.

　　첫 날부터 베스마는 일하는 내내 한비야 곁에 붙어 있었습니다. 꼭
한국에 있는 조카 같았습니다. '아름다운 미소'라는 뜻의 이름처럼 베스마는
언제나 환한 웃음을 띠고 있었습니다. 한비야는 이 귀여운 아이와 점점 더
친해졌습니다. 베스마는 학교가 어떻게 전쟁 때문에 폐쇄되었는지, 학교에
밀고 들어와 물건을 마음대로 가져가고 망가뜨리는 무장 군인들이 얼마나
미운지 이야기하곤 했습니다. 베스마는 언제나 화난 목소리로, "할라스,
할라스!(이제 그만, 제발 그만!)"이라는 말로 끝맺었습니다. 너무 어린 나이에
전쟁을 겪은 베스마가 무척 안타까웠습니다.

　　한비야는 장난스럽게 베스마를 '개인비서'로 임명했고 베스마는 늘 웃는
얼굴로 비서의 역할을 훌륭히 수행하여 공사가 끝날 때까지 즐겁게 일할 수
있었습니다.

　　어느 날, 사무실에 있는 한비야에게 베스마가 그녀의 아버지와 함께
불쑥 찾아왔습니다.

　　"비야, 왜 우리 학교엔 더 이상 오지 않죠?"

　　"사랑스런 베스마, 언니도 베스마가 많이 보고 싶었어. 얘기했다시피
언니는 이제 일이 끝나서 학교에 못 가."

　　"그럼, 우리 이제 못 만나요? 이거 비야에게 주려고 내가 만들었어요."

베스마가 내민 것은 베스마가 직접 그린 그림과 웃고 있는 베스마의 사진이 붙어 있는 앙증맞은 카드였습니다. 한비야는 그림카드를 받아들곤 베스마를 꼭 껴안아 주었습니다. 베스마도 한비야가 기뻐하는 것을 보고 함박웃음을 지었습니다. 베스마 같은 아이들 덕분에 한비야는 아무리 열악한 상황에서도 힘을 내어 그들을 도울 수 있었습니다.

2004년 12월, 남아시아의 쓰나미 현장에 파견되었을 때였습니다. 그곳에서 만난 꼬마는 엄마, 아빠, 여동생과 함께 있다가 변을 당했습니다. 파도에 휩쓸리면서 어린 여동생을 놓친 아이는 자신 때문에 동생이 죽었다고 자책하고 있었습니다.

"동생이 살려달라고 외치던 소리가 아직도 들려요. 그때 더 꼭 붙잡고 있어야 했는데⋯⋯."

굵은 눈물을 떨어뜨리는 아이에게 한비야는 말했습니다.

"네 잘못이 아니야. 넌 꼬마인데도 무서운 쓰나미에 맞서 싸웠잖니? 넌 용감한 생존자야."

모든 것이 끝난 것처럼 보이는 현장에서도 삶은 계속되고 있었습니다. 천막 교실에서 수업을 하고 아이들은 리듬에 맞춰 구구단을 욉니다. 아낙들은 바닷가에서 헌 그물을 손질하고, 누군가는 결혼을 하고, 누군가는 아이를 낳습니다. 한비야는 그런 곳에 자신이 해야 할 일이 분명히 있다고 느꼈습니다. 그 일은 바로 그들이 삶의 끈을 놓지 않도록 도와주는 것입니다.

그러려면 긴급한 재난 상황이 끝난 후에도 지속적이고 체계적인 도움이 필요합니다. 특히 자립하기까지 시간이 걸리는 아이들의 경우는 더 그렇지요.

한비야가 구호활동을 하면서 가장 보람을 느끼는 일도 이 같은 어린이를 위한 정기 후원입니다. 그렇게 해서 한비야는 마음으로 이어진 세 명의 딸과 세 명의 아들을 대륙마다 두게 되었습니다.

첫째 딸인 에티오피아 소녀 젠네부는 아파서 일을 할 수 없는 아버지와 남동생을 돌보느라 일을 할 수 없는 어머니를 대신해 생계를 이어 가야 하는 형편이었습니다. 하지만 한 달, 3만 원의 정기 후원 덕분에 학교에 다닐 수 있게 되었고 병원에서 의료 검진과 말라리아 치료도 받을 수 있게 되었습니다.

둘째 딸, 방글라데시의 아도리는 후원 덕분에 가족의 생계를 도와줄 염소 한 마리를 얻었고, 아버지가 자신의 릭샤를 갖게 되어 다른 이들에게 다시는 도움을 받지 않아도 되게 되었습니다.

몽골에서 만난 막내딸, 엔크흐진은 추운 날씨 때문에 집 밖에 나가지 못해 구루병(햇볕을 쬐지 못해 비타민D가 부족해 뼈가 휘는 병)에 걸린 아이였습니다. 그 아이는 정기적인 후원금으로 치료도 받고, 가족들은 혹독한 겨울을 따뜻하게 날 수 있었습니다.

물론 구호팀의 도움이나 정기후원만으로 이 세상의 아픈 사람을 모두 살리고, 열악한 환경을 하루아침에 전부 개선할 수는 없습니다. 하지만 구호팀의 노력이 변화를 가져올 것이라고 믿었습니다. 사람들을 살리고, 고통을 줄이고, 그들이 재난 상황에서도 품위를 지키며 살 수 있도록 해줄 것이라고요.

가끔은 사람들이 이렇게 묻습니다.

"한비야 씨는 편하게 살 수도 있을 텐데, 뭐 하러 목숨이 오가는 위험한 현장을 돌아다니며 힘들게 사세요?"

그럴 때마다 한비야는 웃으며 대답합니다.

"이 일이 내 가슴을 뛰게 하니까요. 물론 피곤하고 화나고 안타깝고 힘들죠. 하지만 내 작은 도움이 누군가의 목숨을 살리고, 삶을 바꾸는 계기가 된다는 게 기쁘고 행복합니다. 저는 정말 행운아입니다. 제가 좋아하는 일을 하면서 동시에 도움이 필요한 사람들을 도울 수도 있으니까요."

07

세상에서 가장 큰 학교

'아무래도 공부를 더 해야겠어.'

　대형 재난 현장을 누비던 9년차 구호팀장 한비야에게 또 다른 고민이
생겼습니다. 구호의 최전선에서 세계 최고 수준의 동료들과 일하며 잔뼈가
굵은 구호요원이 되었지만 여전히 전문적인 역량과 현장에서의 실무에
한계가 있다고 느껴졌습니다. 특히 세계 각국 정부와 구호단체의 정책이
실제 현장에서 적용하기 어려운 부분이 많다는 것을 깨닫기 시작했습니다.
자신이 일하는 구호단체의 규정이나 매뉴얼도 현지 사정에 맞지 않기는
마찬가지였고요. 아프가니스탄처럼 여성이 낯선 남자들 앞에 나설 수 없고,
의견을 말할 수는 더더욱 없는 문화권에서 주민 대표의 절반은 여성으로 해야
한다는 규정을 지킬 수는 없으니까요. 이런 사정으로 현장에서 일을 진행할 수
없을 때마다 불평이 점점 늘어갔습니다.

그러던 어느 날, 직접 구호 이론을 공부하면 좀 더 유능하고 쓸모 있는 구호요원이 될 수 있지 않을까라는 생각이 문득 들었습니다.

집 짓는 일에 비유해 보자면, 그 동안의 국제 구호활동은 설계도에 그려진 대로 직접 망치를 손에 들고 집을 짓는 것이었다고 할 수 있습니다. 정책에 관해 공부하면 집을 짓기 전에 먼저 설계도나 건축 규정을 만들 수도 있는, 더 나은 구호요원이 될 수 있을 것입니다.

한비야는 미국 보스턴에서 국제구호에 관해 더 공부를 해보기로 결심하고 터프츠대학교의 플레처 스쿨에서 공부했습니다. 학문적으로 최신 이론을 공부한 유능한 구호요원이 되고 싶었기 때문입니다. 이 공부는 한비야에게 더 많은 기회를 열어주었습니다.

석사학위를 받은 후, 2011년부터 유엔(UN) 중앙긴급대응기금의 자문위원으로 임명되었습니다. 한비야가 인도적 지원 활동에 대해 일반 대중의 관심을 모으고, 현장 경험을 풍부하게 했다는 것을 제대로 인정받은 것이지요. 중앙긴급대응기금은 유엔(UN) 각국에서 모은 연 4억 5천만 달러, 약 5천억 원 규모의 기금을 재난 지역에 지원하는 일을 합니다. 자문위원은 이 기금을 꼭 맞는 현장에 효율적으로 사용하도록 제안하는 역할을 합니다.

2012년, 한비야에게는 또 다른 기회가 생겼습니다. 이화여자대학교 국제대학원의 초빙 교수가 되어 학부와 대학원에서 인도적 지원에 대한 정규 강좌를 맡게 된 것입니다.

한비야는 가르치는 일이나 자문역을 무척 좋아했지만 가능한 한 현장에 오래 머물고 싶었습니다. 그래서 교수로, 유엔(UN)과

한국국제협력단(KOICA)의 자문위원으로 바쁜 한 해를 보내면서도 여전히 1년의 반은 가장 도움이 필요한 구호 현장에서 자연 재해나 전쟁으로 피해를 입은 사람들을 돕고 있습니다. 2012년도엔 남수단에서, 2013년도에는 말리에서 긴급구호 전문가로 구호활동을 펼쳤지요.

이뿐만이 아니었습니다. 요즘 한비야는 새로운 일에 빠져 신바람 나게 일하고 있습니다. 바로 우리 아이들을 세계시민으로 키워내는 '세계시민학교' 일입니다.

한비야가 쓴 8권의 책 가운데 하나인 『지도 밖으로 행군하라』가 많은 이들의 사랑을 받으면서 우리나라에도 많은 변화가 일어났습니다. 구호현장에서 있었던 놀랍고 특별한 경험과 어떻게 사람들을 도울 수 있는지를 담은 이 책은 놀랍게도 백만 권이나 팔렸습니다. 이 책이 처음 나왔을 때는 많은 한국인들이 이렇게 말하며 국제 구호나 개발에 회의적이었습니다.

"우리나라에도 도울 사람이 많은데, 왜 외국까지 도와?"

하지만 이런 반응은 점차 사라졌습니다. 다른 나라의 도움으로 한국전쟁의 처참한 상황을 이겨낸 한국이 점차 국제 구호와 개발에 더 많이 관여하게 되었습니다. 도움을 받던 나라가 도움을 주는 나라가 된 일은 구호 역사상 처음 있는 일이었습니다.

한비야는 이런 변화에 한몫한 듯해 뿌듯했습니다. 특히 어린이와 청소년의 변화는 놀라웠습니다. 사람들은, 요즘 아이들이 이전 세대가 겪은 전쟁 등의 어려움을 겪지 못해서 다른 사람의 어려움을 헤아리지 못한다고 쉽게 말합니다. 그런데 한비야가 만난 아이들은 달랐습니다. 한비야는 우리보다 더 가난하고 재해를 입은 나라 사람들을 도와주라며 제 용돈을 기꺼이 내놓는 아이들을 많이 알고 있습니다. 긴급구호에 써달라며 자기 용돈을 털어주는 사람들은 대부분 초·중·고등학생들이었습니다. 유치원의 꼬마 아이들도 깨끗한 물을 마시지 못하는 아프리카 아이들을 생각하며 물을 받아 양치질을 했습니다. 그럴 때마다 한비야는 정말 기분이 좋으면서 책임감도 느꼈습니다. 세상 모든 이들을 친구로 여기는 진짜배기 세계시민이자 미래의 글로벌 리더들을 더 멋지게 키우기 위해 자신이 가진 재능과 기회, 시간과 열정을 아낌없이 쓰겠다고도 다짐했습니다.

월드비전에서 일하면서도 청소년들에게 세계시민 교육을 할 수 있는 조직을 만들 기회를 엿보았습니다. 문제는 자금이었습니다. 우선 1억 원만 있으면 시작할 수 있을 것 같았습니다.

2007년, 기회가 찾아왔습니다. 때마침 어느 기업에서 한비야에게 광고를 제안했습니다. 한비야가 책과 강연으로 많은 사람들의 사랑을 받자 많은 회사들이 광고 모델 제안을 해왔습니다. 하지만 구호활동을 하는 동안에는 어떤 상업 광고도 하지 않겠다는 원칙을 세웠기 때문에 이 역시 거절하려 했습니다. 하지만 이번 광고는 공익성이 있는 광고인 데다 제안 받은 광고료로 세계시민학교 설립에 필요한 자금을 댈 수 있겠다고 생각했습니다. 한비야는 광고를 하기로 했고, 한 치의 망설임도 없이 광고료 전액을 월드비전 세계시민학교의 착수금으로 쾌척했습니다. 2011년 말, 한비야는 이 학교의 첫 교장으로 취임했습니다.

한비야는 여전히 꿈꿉니다. 우리나라 청소년들이 대한민국 국민이자 세계시민으로 무럭무럭 자라나기를요. 더 많은 아이들이 세계 문제를 고민하고, 자신의 성공을 모두의 행복으로 이어가기를 꿈꿉니다. 그래서 더 나은 세상을 만드는데 제 힘을 보태길 바랍니다. 세계시민학교는 이런 꿈을 꾸는 아이들을 이끄는 핵심 역할을 하게 될 것입니다. 그리고 한비야의 꿈은 이 아이들을 통해 더 크고 더 넓고 더 길게 이어질 것입니다.

여러분도 한비야와 함께 지도 밖으로 행군하지 않으시겠습니까?

영어로 읽는 세계 속 한국인 **7**

HAN BIYA 한비야

초판 1쇄 인쇄 2014년 3월 17일
초판 1쇄 발행 2014년 3월 21일

지은이　　Daniel Choy(최진완), Yun Hyeji(윤혜지)
펴낸이　　이준경
편집장　　홍윤표
편집　　　이찬희
디자인　　김소희
마케팅　　오정옥
펴낸곳　　(주)영진미디어
출판등록　2011년 1월 7일 제406-2011-000003호

주소　　　경기도 파주시 문발로 242 (문발동) (주)영진미디어
전화　　　031-955-4955
팩스　　　031-955-4959
이메일　　book@yjmedia.net
홈페이지　www.yjbooks.com
종이　　　(주)월드페이퍼
인쇄　　　(주)현문자현

값 12,000원
ISBN 978-89-98656-21-8

* 본 도서의 한글본은 독해를 돕기 위해 제작한 것으로서 영어와 한글의 자연스러운 표현 방식이
　다르기 때문에 직독직해용으로 일치하지 않을 수 있다는 점을 참고해 주시길 바랍니다.